EL MURO

QUE YA EXISTE

© 2019, HarperCollins México, S.A. de C.V.
Publicado por HarperCollins México
Insurgentes Sur 730.
Colonia de Valle Norte.
03104, Ciudad de México.

El muro que ya existe. Las puertas cerradas de Estados Unidos.
Título original: *We built the wall. How the US Keeps Out Asylum Seekers from Mexico, Central America and Beyond.*

© Eileen Truax, 2018.
© Verso Books, 2018.

Diseño y formación de forros e interiores:
Music for Chameleons / Ana Laura Alba y Jorge Garnica

ISBN: 978-607-8589-48-7
ISBN (SPANISH EDITION): 978-607-562-011-4

Primera edición: octubre de 2019

PRÓLOGO DE MARTÍN CAPARRÓS

EILEEN TRUAX

EL MURO

QUE YA EXISTE

LAS PUERTAS CERRADAS DE ESTADOS UNIDOS

HarperCollins

Contenido

A mis colegas periodistas en México.
A quienes han muerto por denunciar la injusticia,
y a quienes han sido perseguidos
y asesinados por contar sus historias.

A los abogados en Estados Unidos
que trabajan pro bono *para salvar vidas.*

CONTRA EL MURO

MARTÍN CAPARRÓS

HAY MANERAS y maneras de entender el periodismo –y así, de hacerlo. Hay quienes lo hacen para desentrañar secretos ignotísimos; quienes lo hacen para tratar de entender lo conocido; quienes para contar eso que nadie cuenta; quienes para contar eso que todos; quienes para tener una vida más interesante; quienes para ganársela mejor; quienes para jodérsela; quienes para buscar algún orden en las cosas; quienes para intentar desordenarlas; quienes para verse en las pantallas; quienes para esconderse; quienes para cumplir con el manual; quienes para cargárselo. Y están los que, sin perjuicio de ninguna de las maneras anteriores –que, por supuesto, se mezclan en variadas proporciones–, lo hacen porque eligieron una causa. Eileen Truax es una de ellas.

Truax lleva años y años trabajando una cuestión, su causa: los migrantes, la vida en la frontera, la frontera. Sus límites, sus injusticias, sus esperanzas, sus logros, sus abusos.

La migración es uno de los fenómenos distintivos de estos tiempos: los esfuerzos de miles, millones de personas por encontrar un lugar donde vivir mejor. O, dicho de otro modo: el enfrentamiento entre las mujeres y hombres que lo intentan y los estados que –muchas veces por presión de sus hombres y mujeres– intentan impedírselo.

Vivimos en estados: hay estados. No hay estados mucho más presentes, mucho más pesados que el de ese país que basa su idea de sí mismo en no darle mucho espacio al estado, ese país que los tiene en su nombre. Y no hay muchos lugares –las cárceles, quizás, un regimiento– donde la presencia, el poder de un estado se manifieste más que en la frontera.

La frontera es el lugar donde un estado empieza: donde te dice de aquí p'allá estoy yo, donde te dice no te creas; donde te dice mando. La frontera es la primera línea de defensa y de ataque de un estado. La frontera es un modelo de estos tiempos: una de esas creaciones arbitrarias, fruto de las fuerzas, que se empeñan en vendernos como algo natural, eterno. Otro efecto de la publicidad: de este lado estamos nosotros y allí, a unos metros, están ellos –y ellos son otros, radicalmente otros. Es sorprendente que la patraña de las patrias sea tan poderosa como para convencernos de esa farsa.

La frontera a la que Eileen Truax ha dedicado tantos años y esfuerzos es de las más potentes, de las más increíbles: divide un territorio que durante siglos fue el mismo territorio. Truax trabaja sobre un espacio que es uno y pretende no serlo: ni Estados Unidos ni México sino la mezcla de ambos, sus choques, sus encuentros.

Y, sin embargo, hay pocas fronteras con tanto poder del estado desplegado, tantas patrullas, tantas armas, tantas palabras, tantos muros y amenazas de muros, tanto llanto. Quizá porque es la frontera más larga, más accesible, más apetecible entre el mundo pobre y el mundo rico, la meta de miles y miles de desamparados: de tantos latinoamericanos que no encuentran trabajo en sus países, de tantos latinoamericanos que no encuentran paz en sus países.

Vivir mejor es un concepto amplio, ambiguo: propio de estos tiempos.

Vivimos en un continente que se escapa de sí mismo: que no hemos sabido construir para quedarse. Migra, huye, se desespera, se va a buscar sus esperanzas a otra parte. No hay mejor evidencia del fracaso de nuestras sociedades; no hay peor. La migración es la forma más terminante de decir que no hay futuro: que en ese sitio no hay futuro. La migración son miles y miles diciendo que en sus lugares no hay lugar para ellos; su partida es la consagración de la respuesta individual ante la opción colectiva. El migrante, al irse, dice no la puedo cambiar, no podemos cambiarla, no logramos producir el movimiento que nos permitiría mejorar nuestros países y quedarnos; solo podemos irnos, solos, cada cual por su lado, a probar suerte en otro lado.

Y son los más emprendedores, los más entusiastas –los que tienen la visión y la energía suficientes como para cambiarse de país–, los que aceptan que en sus lugares no hay lugar para su entusiasmo y es mejor partir. O los más emprendedores, los más entusiastas: los que intentaron con tanto ahínco mejorar sus lugares que las fuerzas de reacción los forzaron, violentas, a dejarlos.

En sus historias basa Truax sus trabajos: en mostrar cómo la lucha por la libertad –la libertad de hablar, de elegir, de educarse, de prosperar, de comer cada día– puede acabar con la libertad de los que luchan. Y cómo ese país que sostiene que la defiende a ultranza no siempre la defiende. Se defiende, más bien, de esos luchadores que ve como cuerpos extraños, molestos, peligrosos –y rechaza.

Levanta, por supuesto, muros. Ante las amenazas repetidas de construirlo, Truax muestra que ya existen; algunos tienen alambres o ladrillos; otros patrullas, legislaciones, depósitos privados de personas, barreras de prejuicios, embriones de odio.

(Todo esto, que en mis palabras suena a monserga fácil, se transforma en la prosa de Truax en historias, emociones, datos, comprensión. Conocí los primeros de estos textos hace ya cinco años, en el taller de libros periodísticos que organiza la Fundación Gabriel García Márquez para el Nuevo Periodismo en Oaxaca. Allí nos reunimos, cada año, ocho colegas distintos –y yo, que cambio– a discutir los trabajos en curso de cada uno de ellos; allí, aquella vez, Truax llevó algunos de estos materiales y nos contó las historias de los Reyes, del abogado Spector; esperamos, desde entonces, este libro. Ahora creo que estos años le han venido bien: que el tiempo ha completado sus potencias.)

Emociones, digo, historias, datos, comprensión, y ese intento de servir a la causa: la convicción de que, si ciertas cosas se cuentan, se conocen, habrá personas que revisen sus ideas y se unan. La idea de que el periodismo no es una transmisión neutral, distante, sino una herramienta para mejorar las vidas de personas. "Hoy las sociedades que viven en los países receptores pueden elegir dejar de cerrar los ojos, e iniciar un proceso de revisión de las leyes y las políticas que tienen que ver con la movilidad de las personas –por razones económicas, religiosas, por salvarse de la violencia, por el legítimo derecho a buscar una vida mejor– con una mirada global", dice Truax en su epílogo; "Es tiempo de construir una nueva ciudadanía; de sentar las bases para que los ciudadanos por venir sean quienes derriben todos los muros."

Para eso puede servir, a veces –solo a veces–, el mejor periodismo.

Madrid, junio de 2019.

Las puertas cerradas de Estados Unidos

E L 3 DE AGOSTO de 2019 un joven estadounidense de nombre Patrick Crusius, entró a un almacén Walmart de la ciudad de El Paso llevando consigo un arma de alto calibre y una convicción: las personas hispanas son parte de una invasión que atenta contra la esencia y los principios de Estados Unidos, y hay que acabar con ellos. El chico de 21 años de edad, anglosajón y residente de la ciudad de Allen, Texas, condujo desde su ciudad durante diez horas para llegar a la frontera entre México y Estados Unidos, de la cual forma parte el corredor El Paso-Ciudad Juárez, y disparó indiscriminadamente matando a 22 personas y dejando heridas más de veinte. De las víctimas que fallecieron, siete eran mexicanas y trece mexicoamericanas.

Cuando las autoridades identificaron a Crusius, buscaron información y encontraron un manifiesto presuntamente publicado por él unas horas antes del atentado. En el documento, el joven expone ideas racistas y vinculadas con el nacionalismo blanco estadounidense; ataca a los hispanos y a los inmigrantes culpándolos por la pérdida de empleos, y denuncia la mezcla de culturas en Estados Unidos. Los investigadores también encontraron que Crusius era admirador del presidente Donald Trump y su retórica antiinmigrante.

Una característica de la campaña por la presidencia de Trump fue la vinculación del discurso anti-terrorista y de seguridad, con el fenómeno de la migración. La retórica de Trump ha recurrido a elementos como la construcción del muro en la frontera, la acusación hacia los mexicanos de ser narcotraficantes y violadores, y la denuncia infundada de que personas indocumentadas han votado ilegalmente. Con estas dos últimas afirmaciones como argumento dijo que, de ganar la elección, deportaría a los 11 millones de personas indocumentadas en el país.

Una vez que llegó a la presidencia, la realidad obligó a Trump a moderar su discurso. Hacia los primeros 100 días de su gobierno, la iniciativa "muslim ban", una orden ejecutiva con la que buscaba negar la entrada al país a inmigrantes provenientes de países árabes, había sido rechazada por cortes federales en dos ocasiones. Los 11 millones de deportados de la campaña se convirtieron en dos o tres millones en sus primeras entrevistas como presidente —es sabido que la infraestructura y los recursos con los que cuenta el gobierno estadounidense harían extremadamente difícil y onerosa la deportación de esa cantidad de gente, amén del costo político y social de una medida de ese tipo—, y el Congreso rechazó su propuesta de suspender la ley de salud conocida como Obamacare. Durante sus primeros dos años de gobierno los congresistas también le hicieron poner los pies en la tierra sobre el asunto del muro: puede haber voluntad o no, pueden incluso suspenderse las operaciones del gobierno —como ocurrió a principios del 2019, con el *shutdown* más largo de la historia del país—, pero si no hay presupuesto asignado, tampoco habrá muro en la frontera.

Ante la imposibilidad de dar un golpe mediático en estas áreas, y con la necesidad de entregar resultados en sus primeros años de gobierno para obtener la reelección, Trump ha enfocado sus esfuerzos en el arresto e inicio del proceso de deportación de personas indocumentadas que ya están en el país; en la separación de familias en la frontera para juzgar a los adultos como criminales —un proceso mucho más largo que los procesos con autoridades de inmigración—, provocando un hacinamiento de los menores de edad que quedan bajo custodia federal por semanas, y en ocasiones por meses. por semanas. Para quienes desean solicitar asilo político, la puerta se ha cerrado violando las leyes internacionales de protección a refugiados.

Pero es importante señalar algo: ninguna de las cosas mencionadas anteriormente ha requerido de una erogación especial de recursos o de la aprobación del Congreso para ser realizada. Con tan solo aplicar —en este caso con inusitada crueldad— la regulación de inmigración vigente, que ha sido la misma desde hace dos décadas, a Trump le ha sido posible utilizar a los inmigrantes que vienen de México y Centroamérica como moneda de cambio para la negociación política y electoral.

Uno de los casos más sonados durante los meses previos a la publicación de este libro, es el de la caravana que en octubre de 2018 visibilizó a miles de centroamericanos viajando a través de México. Cuando la administración Trump hizo público que les negaría el derecho a esperar su turno para presentar su caso de asilo en territorio estadounidense, utilizando la palabra "invasión", logró un golpe mediático que ha reforzado su imagen de mano dura en la frontera; la construcción de la imagen del presidente como amenaza para los inmigrantes, ha resultado también altamente rentable para los medios de comunicación que van a la caza de "clicks" en la red.

Sin embargo, la esencia de la regulación migratoria no es nueva en absoluto. La llamada "maquina de deportar" es un mecanismo que ha estado en marcha desde hace por lo menos 18 años, bajo la administración de George W. Bush tras los atentados del 11 de septiembre de 2001, y mayormente durante la administración de Barack Obama: casi tres millones de deportados durante los ocho años de su gobierno —la misma cantidad que Trump ha reconocido que podría ser la cuota máxima durante su gobierno—. Y los criterios para el otorgamiento de refugio o asilo que se emplean en el país, datan incluso de periodos previos: durante 50 años Estados Unidos ha aplicado una política de conveniencia y manipulación política para implementar medidas creadas con fines humanitarios y de solidaridad internacional.

A pesar de ser, por un amplio margen, el país que alberga al mayor número de inmigrantes en el mundo —cerca de 50 millones de personas viviendo en territorio estadounidense no han nacido ahí—, porcentualmente Estados Unidos cuenta menos inmigrantes que otros países receptores: 15 por ciento de su población es inmigrante, en comparación con 22 por ciento en Canadá o 29 por ciento en Australia. Países que abiertamente han reconocido su necesidad de mano de obra extranjera, han llegado a cifras como 65 por ciento en Qatar, u 88 por ciento en Emiratos Árabes Unidos. Incluso países con fenómenos de inmigración masiva reciente, como España, tienen un índice de 13 por ciento, apenas dos puntos por debajo del estadounidense[1].

Además del "país de inmigrantes", la otra imagen que Estados Unidos vende al mundo es la del "melting pot", que hace alusión a su diversidad étnica; pero comparado con otros países, tampoco es el líder. En la escala de diversidad, nuevamente países como Canadá, Dinamarca o el Reino Unido cuentan con índice más elevado; en Estados Unidos uno de cada cuatro inmigrantes proviene de un solo país, México, mientras en otros países de destino, principalmente europeos, la migración proviene de una diversidad de países más amplia.

La conformación demográfica actual es resultado de la aplicación de políticas de inmigración por parte de los gobiernos estadounidenses con base en las necesidades económicas y de mano de obra del país —cosa que ocurre en la mayoría de los países receptores—, pero también en función de las alianzas y los vaivenes políticos internacionales, lo cual ha dado por resultado que en el caso específico del refugio, el asilo, y los métodos de detención y procesamiento de inmigrantes, los principios prevalecientes tengan más que ver con criterios políticos, e incluso partidistas, que con aquellos que derivan de los derechos humanos o de una perspectiva de protección social. Se abren los brazos a quienes conviene en el momento económico, y a quienes denuncian persecución, amenaza a su integridad o a su

---

[1] Organización Internacional de las Migraciones. https://migrationdataportal.org

vida, solo si las personas provienen de países cuyos regímenes son cuestionados por Estados Unidos. Si quienes piden asilo o refugio por las mismas razones vienen de regímenes amigos, reconocidos como democráticos por Estados Unidos, a quienes piden ayuda se les cierran las puertas aunque puedan demostrar, al igual que los otros, las razones para temer por su vida.

A través de la historia el imaginario estadounidense ha construido al "otro" como el enemigo —"the undesirable", como lo ha descrito el profesor de Derecho Bill Ong Hing—. Ese "otro" ha ido cambiando conforme ha sido necesario o útil para las diferentes administraciones: buenos ejemplos son "the undesirable asian" —chinos, japoneses, filipinos— durante la segunda mitad del siglo XIX; judíos e italianos a principios del siglo XX, comunistas durante varias décadas; mexicanos durante la mayor parte del mismo siglo; centroamericanos durante los últimos treinta años, y musulmanes desde el inicio del siglo XXI.

La normalización del criterio político para establecer las normas para ingreso al país, y particularmente para el otorgamiento del estatus de refugiado o del asilo político, se reflejan en la construcción de acciones como las impulsadas por Trump, que llanamente violan las normas internacionales de protección de derechos humanos.

Las imágenes de inmigrantes detenidos en jaulas, de niños llorando al ser separados de sus padres en la frontera; los casos de personas que han muerto estando bajo custodia de las autoridades de inmigración, incluyendo niños; las denuncias de violaciones a derechos humanos en los centros de detención, han hecho que por primera vez en muchos años Estados Unidos se vea en el espejo a sí mismo y a su política de aceptación y exclusión de refugiados, de asilados, de inmigrantes, y en general de personas que vienen de otro país. El país democrático, de política de brazos abiertos y reivindicación de la diversidad que forma parte del imaginario nacional, poco tiene que ver con la manera en que su gobierno aplica las políticas de inmigración, de refugio o de asilo, o la forma en que recibe a quienes pertenecen a la minoría étnica o racial a la que ha tocado ser el enemigo de turno en el discurso presidencial.

Este libro busca poner de manifiesto la existencia de un criterio de conveniencia y manipulación política por parte de Estados Unidos que se utiliza para otorgar —o no— refugio o asilo, pero también busca ir más allá. Lo que Estados Unidos está viviendo con la presidencia de Trump, y en los años por venir, resulta indignante, pero no es nuevo. La comunidad inmigrante lleva décadas resistiendo en un ambiente hostil y de discriminación, una situación que buena parte de los estadounidenses se ha negado a ver y a oír.

Con los impuestos de quienes vivimos en este país se detiene inmigrantes y se revictimiza a quienes han sido víctimas en sus propios países y han extendido sus brazos hacia la llamada "mayor democracia del mundo" buscando salvar la vida. A quienes vienen a Estados Unidos huyendo de la violencia, por motivos de salud, para escapar del odio por su orientación sexual o por sus creencias religiosas —por ser ellos mismos—, sus países de origen los olvidan, sus sociedades se desentienden de ellos, pero en Estados Unidos no se ha hecho mejor. Pocas veces se piensa en el recién llegado que ha dejado todo y ha tenido que venir en contra de su voluntad; que llega a un lugar nuevo para ser etiquetado como "el otro", el extraño, y que tiene que asumirlo porque de ello depende su vida —si es que algún fanático supremacista blanco no decide arrebatársela en un centro comercial—. Desde la comodidad del estatus migratorio legal de quienes viven en este país, Estados Unidos ya ha construido un muro.

En la primera parte de este libro presentaré un panorama general de la situación que viven cientos de miles de personas que llegan a Estados Unidos buscando asilo tras haber sido víctimas de violencia en México y otros países, y la serie de obstáculos —el muro burocrático, legal y de indiferencia social— que enfrentan. Hablaré también de la forma en la que la frontera sur de Estados Unidos ha cumplido con la función de ser puerta de entrada para aquellos cuya presencia en el país resulta conveniente para su gobierno, y también cómo esta misma frontera ha servido para construir la noción de "el otro".

En la segunda parte daré más detalles sobre cómo se han construido los criterios para dar y negar asilo a quienes lo piden dependiendo de su país de origen y su signo político, así como del jugoso negocio que representan estos criterios para las empresas que manejan los centros privados de detención de inmigrantes. En la tercera parte hablaré de la impunidad que se vive en México y otros países

expulsores, cuyos gobiernos no sólo han incumplido con la obligación de velar por la seguridad y el bienestar de sus ciudadanos, sino
que en ocasiones son cómplices de la violencia y la persecución que
los obliga a dejar su país. Por último, narraré las historias de aquellos
que han debido reiniciar su vida en Estados Unidos, un lugar completamente desconocido, ante la indiferencia de la mayor parte de la
sociedad.

    Las historias que están relatadas en este libro son apenas un vis-
tazo a la enorme deuda que tiene Estados Unidos con su propio ideal de
país democrático, y también a su corresponsabilidad en las violaciones
a los derechos humanos en otros países como México. Mi deseo es que
tras su lectura, quienes viven en ambos lados de la frontera derrumben
el muro de la indiferencia que por años hemos sostenido y otorguen
una mirada solidaria y comprensiva a las personas más valientes de
nuestras sociedades: aquellos que han arriesgado su vida denunciando
la injusticia, defendiendo aquello en lo que creen, y que años más tarde,
con enorme valentía, han aprendido a volver a vivir.

Los Ángeles, California, agosto de 2019.

PRIMERA PARTE

La frontera

LA FRONTERA ENTRE LA VIDA Y LA MUERTE

Puesto que se encuentra a la orilla del mar, que la aproveche. Que esta movilidad bajo el infinito le proporcione sabiduría. Que medite sobre el tumbo eterno de las olas contra la ribera y de las imposturas contra la verdad. Las diatribas son vanamente convulsivas. Que contemple a la ola romper sobre la roca y se pregunte qué gana esta saliva y qué pierde este granito. No, ninguna revuelta contra la injuria, ningún gasto emocional, ninguna represalia: mantenga usted una severa tranquilidad. La roca escurre, pero no se mueve. En ocasiones brilla por el escurrimiento. La calumnia termina por ser lustre.

Victor Hugo, El exilio

EL DESIERTO ES CANIJO. Cada vez que sopla el viento, la carretera que lleva al pueblo se cubre de polvo, de una tierra que se pega a los autos, a los zapatos, a la lengua. Las orillas de las calles están bordeadas por ese terregal que separa el pavimento de las austeras viviendas de una planta, de colores grises, ocres, pastel, cercadas con reja de gallinero. Algunos arbolitos crecen retando la aridez entre los triciclos de los patios y la ropa que se seca al sol. Parece que estamos en Guadalupe, en el Valle de Juárez, Chihuahua: la Iglesia de El Nazareno, la tortillería del supermercado, el letrero de comida casera ayudan a crear la ilusión. Pero antes de dar la vuelta en la carretera, en el punto donde acaba el desierto raso y empieza la línea de viviendas polvorientas, otro letrero, como tímido, marca territorio: se encuentra usted en Fabens, estado de Texas.

La distancia entre Fabens y Guadalupe es de quince kilómetros, partidos a la mitad por el Río Bravo, en el cruce fronterizo entre Estados Unidos y México, treinta minutos al este de los puentes entre El Paso y Ciudad Juárez. La avenida Lower Island, de este lado, se convierte en la calle Cruz Reyes, de aquel. Detrás de un letrero que dice "Estados Unidos Mexicanos" empieza otra línea de casas, que es como un espejo: los mismos colores, los arbolitos retadores, la tierra que bordea el camino; los mismos nombres, los mismos apellidos. La diferencia es que en Guadalupe las casas se quedaron solas. A los que vivían ahí los empezaron a matar. Los que quedaron vivos fueron amenazados, extorsionados, mutilados; agarraron un par de cosas, o ninguna, cruzaron la frontera, y no volvieron.

Los que salieron de Guadalupe llegaron a Fabens sin nada. No saben hablar inglés, no tienen ahorros, no tienen muebles, no tienen propiedades, no tienen documentos. Algunos no tienen consigo ni un viejo álbum con fotos familiares. A Fabens llegaron sin sueños, sin certezas, con la única esperanza de sobrevivir; llegaron con la vida a cuestas, y nada más.

La distancia entre Fabens y Guadalupe es la distancia entre la vida y la muerte.

———

La última noche de 2013, la casa de Saúl Reyes Salazar estaba llena de luz. Él, su esposa Gloria, sus hijos y su madre, doña Sara, la matriarca de la familia, recibían a los siete u ocho amigos que iban llegando para acompañarlos en la cena de fin de año.

Saúl vive en ese nido de casas en medio del desierto que es Fabens, pero al igual que para el resto de su familia, su hogar siempre estuvo del lado mexicano, en Guadalupe. De ahí salió para salvar su vida. Los Reyes Salazar, una familia de panaderos con una larga historia de activismo social, se resistían a salir de su pueblo. De un total de diez hermanos, cuatro de ellos hombres, Saúl y tres de sus hermanas son quienes quedan vivos. Dos murieron de muerte natural; cuatro, asesinados.

La familia Reyes Salazar fue militante de izquierda en México por décadas. Sus integrantes fueron miembros de diversas organizaciones y partidos políticos surgidos en su país a partir de los años sesenta; desde el Comité de Defensa Popular (CDP) y el Partido Socialista Unificado de México (PSUM), hasta el aún existente Partido de la Revolución Democrática (PRD). A través de los años, la familia fue congruente con esa línea ideológica. Eusebio Reyes, el patriarca, era originario de Torreón, Coahuila, y era panadero también; tras un intento de organizar a los panaderos para tener mejores condiciones de trabajo fue despedido y no volvió a conseguir empleo. Decidió migrar, y así llegó a Guadalupe. Don Eusebio montó su panadería y educó a sus hijos en el oficio, y también en la solidaridad y la organización social.

A principios de los años noventa, los Reyes Salazar encabezaron el movimiento de resistencia contra la propuesta de construir un tiradero nuclear en Sierra Blanca, Texas (a 15 kilómetros de distancia de la frontera con México) y del Valle de Juárez. El 21 de marzo de 1992, con la participación de otros grupos activistas locales, se realizó una caravana a la que llamaron "Marcha por la Vida", que avanzó de El Paso a Sierra Blanca por los dos lados de la frontera, para defender el derecho de las comunidades fronterizas a gozar de un medio ambiente seguro y sin contaminación.

Saúl es un hombre en sus cuarenta, de estatura mediana y complexión robusta. Moreno, de mirada directa y palabra que va al grano, lo caracteriza un gesto serio, atento; pero cuando recuerda el episodio, esboza una sonrisa y lanza una mirada de orgullo: durante una hora cerraron cada cruce fronterizo entre Estados Unidos y México. "La primera vez en la historia que una cosa así se ha hecho", asegura enfático.

Como resultado de aquella ola de protestas, el proyecto del tiradero de Sierra Blanca fue cancelado. Años más tarde otros intentarían reactivarlo, sin éxito.

La familia Reyes Salazar se convirtió en un icono de la lucha por la preservación ambiental contra los grandes corporativos y los intereses estadounidenses en una zona de México que para muchos, incluido el gobierno federal, siempre parece no tener importancia. Los años siguientes trajeron para los Reyes Salazar trabajo en una diversidad de causas: la construcción de casas, de un vecindario entero, para quienes intentaban llegar a Estados Unidos pero que al no lograrlo se quedaban a vivir en el Valle de Juárez; la protesta por los feminicidios en la zona, pugna en la que Josefina, una de las hermanas, fue la más activa; la búsqueda de mejoras de las condiciones de trabajo en las maquiladoras de la región; y la oposición a la militarización que dio inicio en esa zona en el año 2008 como parte de un operativo contra el narcotráfico ordenado por el gobierno federal mexicano: el Ejército llegó al lugar, y con él una cadena de represión y de violación a los derechos humanos.

Los testimonios de quienes los conocieron invariablemente llevan a la misma imagen: los cuatro hermanos Reyes Salazar, Eleazar, Elías, Saúl y Rubén, trabajando en la panadería —para entonces ya tenían una pequeña cadena de su negocio—; unos amasando la harina de trigo, otros preparando las piezas de pan dulce y pan blanco, uno más metiendo y sacando el pan del horno, mientras discutían cómo resolver asuntos de la colonia que fundaron y la situación de la vida política en el Valle de Juárez. A veces ellos mismos salían a repartir el pan, y a veces lo ofrecían a las visitas acompañado de una taza de café.

Esa última noche de 2013, Saúl vuelve a la vieja costumbre. Llega a su casa cerca de las nueve, cuando la cena está casi lista, llevando consigo una tradicional rosca de Reyes —que en ese caso lleva el nombre apropiado con doble razón— horneada por él mismo para la familia. Desde que llegó a vivir a Fabens empezó a trabajar en la panadería; es lo que sabe hacer, y lo hace bien, pero ahora lo hace solo. De sus hermanos sólo quedan los recuerdos.

La cadena de muerte para los Reyes Salazar inició el 23 de agosto de 2008. Josefina y otras activistas organizaron una marcha contra la presencia militar en el Valle de Juárez. Una semana después, un grupo de soldados secuestró a Miguel Ángel, su hijo menor. Tras dos semanas de manifestaciones afuera de las instalaciones militares y la huelga de hambre de Josefina, Miguel Ángel fue liberado con dos costillas fracturadas, la nariz rota y con evidencia de tortura por toques eléctricos en la planta de los pies.[2] Tres meses después, hombres enmascarados y armados llegaron a un salón de fiestas donde se celebraba una boda, buscaron entre la gente, encontraron a Julio César, el hijo mayor de Josefina, y lo asesinaron. Le dieron un tiro en el corazón. Tenía 19 años.

En lugar de callarse, los Reyes Salazar continuaron con su activismo. Exigieron justicia para Julio César y la salida del Ejército de Guadalupe y el Valle de Juárez. El 3 de enero de 2010, Josefina fue asesinada cuando se detuvo a comer algo a mitad del camino entre Juárez y Guadalupe, tras visitar a su madre. En agosto del mismo año fue asesinado su hermano Rubén, en la calle, en pleno día. El 7 de febrero de 2011 fueron secuestrados sus hermanos Malena y Elías, así como la esposa de éste, Luisa Ornelas; detuvieron el auto en el que viajaban, bajaron a la fuerza a doña Sara y a una de sus nietas. Una semana después del secuestro, la casa de doña Sara fue incendiada mientras ella protestaba frente al palacio de gobierno de Chihuahua, la capital del estado. El 26 de febrero aparecieron los cuerpos sin vida de los tres secuestrados. La familia finalmente entendió el mensaje: había llegado el momento de marcharse.

Saúl pisó México por última vez en abril de 2011. Él, su esposa y sus tres hijos llegaron a Estados Unidos como parte del clan de más de treinta familiares que hoy se encuentran en ese país huyendo de la muerte. Doña Sara los alcanzó en diciembre. "No queríamos salir. A nosotros nos enseñaron que teníamos que pelear por nuestro país, y nos dábamos cuenta de que el país estaba mal, pero queríamos quedarnos para mejorarlo", me contó Saúl la primera vez que conversé con él, en la ciudad de El Paso. "Cuando voy a hablar a las universidades y me preguntan por qué vine, les digo que yo no vine, que a mí me *pucharon*".

Saúl recibió asilo político en enero de 2012, y en los meses siguientes cerca de treinta integrantes de la familia se sumaron al proceso de exilio. La historia de los Reyes Salazar dio la vuelta al mundo

2 Melissa del Bosque "Cárteles y soldados en el lugar más peligroso de México", *Cosecha Roja*, 5 de agosto de 2012: http://cosecharoja.org/carteles-y-soldados-en-el-lugar-mas-peligroso-de-mexico/.

como la evidencia de la persecución, la violencia extrema y la dolorosa impunidad que se vive en México.

——

En marzo de 2008 dio inicio en México el Operativo Conjunto
Chihuahua, la estrategia del gobierno del entonces presidente de
México, Felipe Calderón, para lograr la desarticulación de los grupos
delictivos en ese estado. Compuesta por dos etapas, esa acción des-
plegó en su primera fase a cerca de diez mil elementos, entre militares y policías federales, con el argumento de que por cuanto fuerzas
del orden tomarían el control de Chihuahua mientras se "limpiaban"
las policías municipales y estatales, vinculadas con frecuencia con los
cárteles —el de Sinaloa; el de Juárez, conocido como La Línea; y el de
Los Zetas, disputándose "la plaza" entre ellos y acusados de asesinar
a los jefes policiacos que sostuvieran alianzas con los contrarios—.
La segunda fase consistió en capacitar a los nuevos elementos locales
para dejar la entidad bajo su control. Pero tanto las cifras oficiales
como las denuncias de los grupos defensores de derechos humanos
volvieron evidente que la situación empeoró durante esos años: se-
cuestros, extorsiones, allanamientos de morada y asesinatos se volvieron la nota diaria para una sociedad que perdió de vista el límite
que separaba la delincuencia de la autoridad.

No habían pasado ni cuatro meses de iniciado el operativo
cuando Carlos Spector, un abogado de inmigración que trabajaba en
la ciudad de El Paso, empezó a recibir los primeros casos de la que
sería una ola de activistas y periodistas de Chihuahua buscando asilo
político en Estados Unidos.

Emilio Gutiérrez, un periodista de Ascensión, Chihuahua, fue
quien inició el éxodo. A él le siguió Cipriana Jurado, quien en 2011
se convirtió en la primera activista defensora de derechos humanos
cuyo caso de asilo fue aceptado en Estados Unidos. Las páginas de
la prensa mexicana primero, y luego de la internacional, se fueron
llenando con las historias de los casos atendidos por Spector: el de
Marisol Valles, la jefa de policía del municipio de Práxedis G. Guerrero,
a quien calificaron como "la mujer más valiente de México"; el de

Carlos Gutiérrez, el empresario de Chihuahua al que le cortaron las piernas por no reunir el dinero para pagar la "cuota" de su negocio y que, usando unas prótesis, en 2013 emprendió una caravana en bicicleta hasta la representación del gobierno de México en Austin, Texas, para pedir justicia para las víctimas de violencia en ese país. Uno, otro, otro más se sumaron, hasta que a las oficinas de Spector llegaron los protagonistas de la historia emblemática en los casos de exilio por violencia en el Valle de Juárez: los Reyes Salazar.

Los primeros meses en El Paso estuvieron llenos de incertidumbre y carencias para los Reyes Salazar. Saúl decidió traer a su familia tras la lluvia de amenazas que les cayó encima después del asesinato de Malena, Elías y Luisa. A pesar de su renuencia durante los meses previos, a pesar de que la familia había acordado resistir tras la muerte de Julio César, Josefina y Rubén, Saúl supo aceptar cuando llegó el momento de irse. La familia dejó todo: la casa que construyeron entre él y su esposa desde los cimientos y tabique por tabique; su negocio —la panadería de siempre—; los libros que Saúl leía con sus hermanos mientras hacían el pan; todas sus pertenencias. Tan pronto salieron de Guadalupe, la casa y la panadería fueron saqueadas y quemadas. Saúl habla poco del asunto, pero cuando suelta una frase, es demoledora: "Duele perder la casa, pero duele más perderla cuando es uno el que la construyó con sus propias manos."

Llegaron a El Paso y se instalaron en un albergue que aloja a migrantes que no tienen a dónde ir y a personas sin hogar. Ni Saúl ni Gloria hablaban inglés; sus hijos, de trece, seis y tres años de edad, tendrían que entrar a la escuela bajo el esquema de aprendizaje del nuevo idioma. Saúl trabajó en lo que se pudo, desde arreglando jardines hasta descargando verduras en un supermercado, y se mudó a un pequeño departamento, donde con trabajos cabían su familia y doña Sara, que para entonces ya los había alcanzado. Cuando meses más tarde se enteró de que en Fabens, treinta minutos al este de El Paso, la renta era más barata y había otras personas originarias de Guadalupe, Saúl decidió mudarse y al poco tiempo consiguió un empleo ahí.

En la panadería San Elí, un local dentro de un supermercado cuyos ventanales dan hacia un estacionamiento, Saúl horneó la rosca de Reyes que su familia comió en la noche vieja de 2013. Cada día, frente al muro de cristal del establecimiento, las personas pasan cargadas con bolsas sin poner atención a quienes hornean una, tras otra, tras otra, las tandas de pan que llevan a sus casas. Entre ellos, el único panadero Reyes Salazar aún con vida gana ocho dólares por hora y se desespera: cuando uno es el patrón, sabe que si trabaja más se gana más. Ahí uno gana lo mismo trabaje cuanto trabaje.

Los Reyes Salazar han intentado reconstruirse, adaptarse a la vida en la casa móvil en medio del desierto texano que hoy es su hogar. Los últimos datos del censo señalan que en Fabens hay 8 mil 250 habitantes, de los cuales 97 por ciento es latino y 90 por ciento es mexicano. Como la cifra es de 2010 y gran parte de la migración por exilio a esa zona inició justamente ese año, es difícil saber en qué medida la población ha aumentado o si ha cambiado su composición.[3] Lo que sí es un hecho es que muchos de quienes viven aquí llegaron recientemente: tras un recorrido por las calles areniscas es fácil percibir que más o menos la tercera parte de las viviendas no son edificios, sino casas móviles que en este país se conocen como tráilers; *trailas*, de acuerdo con la pronunciación popular.

En las trailas viven personas en la situación de Saúl: no tienen recursos para comprar un terreno o una casa y les resulta oneroso pagar la renta en un departamento. La traila tiene un costo menor y, aunque el espacio es muy reducido, cuenta con los servicios básicos, generalmente un área de cocina con estufa de gas, un baño, instalación eléctrica y habitaciones divididas. Saúl consiguió una traila instalada en un terreno en una esquina delimitada por una reja; la traila no está en muy buen estado pero es de buen tamaño, de manera que su madre y sus hijos tienen espacios pequeños pero propios. Como se ha podido la han ido adaptando. El corazón de la traila es la mesa del comedor. Es en torno a ella que durante las últimas horas de 2013 se fueron sumando sillas conforme llegaban las visitas. Saúl los recibió y los hizo sentir bienvenidos.

---

[3] Aunque para el United States Census se realizan estimaciones demográficas cada cinco años, a la fecha de publicación de este trabajo las cifras para Fabens, Texas, aún no se encontraban disponibles.

Hasta ahí llegó Martín Huéramo, amigo de batallas políticas de los hermanos Reyes Salazar en Guadalupe y hoy hermano de vida de Saúl. Cuando los Reyes Salazar llegaron a vivir a Fabens en 2013, Martín ya se encontraba ahí. Fornido, de piel tostada por el sol y un bigote tupido que enmarca una sonrisa suave, Martín, de 46 años, tenía una posición cómoda en Guadalupe. Su familia, originaria de Michoacán, llegó cuando él era aún niño. Recuerda —como ocurre con cada persona que creció en el Valle de Juárez— una época de abundancia en la cual el trabajo duro era gratificante y daba fruto. Así se hicieron las familias, los poblados, la zona del Valle de Juárez. Él, como sabía de construcción, tenía tres casas. "No eran casas ostentosas, pero eran lo que se usaba en el valle de Juárez", dice con humildad, con esa sonrisa de marco de bigote que suaviza la mirada de unos ojos de por sí cálidos. Martín viste la camisa a cuadros característica de los hombres de trabajo de esa zona, y aunque lleva casi tres años en Texas, su acento al hablar es puro Chihuahua.

De las tres casas que tenía en Guadalupe, vendió una para venir a Fabens; como toda su vida fue dueño del lugar donde vivía, lo más natural para él fue buscar un lote para comprarlo y ahí construir algo. A los pocos días le cayó encima el primer golpe de realidad que reciben los recién llegados: el poder del dinero mexicano se esfuma al cruzar la línea. "Lo que era una gran cantidad en México, en Estados Unidos no era nada. Lo que había sido el esfuerzo de toda mi vida, aquí no tenía un valor. Cuando tomé la decisión de quedarme, me empecé a dar cuenta de otras cosas: era analfabeto, no sabía el idioma y no sabía escribir. Tenía que comenzar de nuevo, como un niño", relata con una expresión desanimada.

Momentos antes de las campanadas de fin de año, mientras las mujeres se hacen cargo de los últimos detalles, Saúl y Martín conversan. Martín habla de la magnitud de la migración desde Juárez hacia El Paso. Debido a las políticas de las ciudades fronterizas, son muchas las personas del lado mexicano que cuentan con un documento que les permite el cruce hacia el otro lado; otros tienen hijos que son ciudadanos estadounidenses, o incluso ellos mismos lo son. Como sea, ante el aumento de la violencia y la crisis que ésta dejó en Juárez, en la zona del Valle, y en la misma ciudad capital, Chihuahua, la gente va a El Paso y decide no volver. El resultado, asegura Martín, es que en pocos meses se perciben cambios en las zonas de mayor asentamiento de exiliados, tales como la saturación en escuelas debido al número de alumnos de nuevo ingreso y el incremento del tráfico vehicular en las vías rápidas que conectan los suburbios con El Paso.

Uno de esos suburbios es Fabens. Resulta una paradoja que, de todos los lugares posibles para migrar, los habitantes de Guadalupe hayan terminado en el pueblo espejo del suyo. Cuando les pregunto si ésa es la razón para haberse instalado ahí, la posibilidad de sentir en Texas el mismo aire que circula por su pueblo en Chihuahua, a unos pasos de la frontera, ambos sonríen. Saúl asegura que la razón es que vivir en Fabens no cuesta tanto.

La primera vez que vi a Sara Salazar de Reyes fue en un restaurante de comida china en El Paso. Ese día también conocí a Saúl, a su esposa y a sus hijos. Cuando llegué, Saúl me recibió con un apretón de manos y me señaló un asiento junto a su madre. Doña Sara tiene 79 años y los ojos vacíos. Su gesto es amable y le regala una sonrisa cordial a todo el mundo, pero en los ojos, nada. La saludé, me acerqué a darle un beso, y ella extendió un brazo para medio abrazarme, el otro brazo apoyado en un bastón. Lanzó una sonrisa. Le vi el rostro enmarcado por el pelo cano recogido hacia atrás, la blusa y la chaqueta blancas, las marcas del sol sobre la piel, también blanca, surcada de arrugas. Me regaló un gesto amable. El vacío que deja la muerte me observó desde sus ojos vidriosos.

Casi un año más tarde, vi a doña Sara por segunda vez esa víspera de año nuevo en la traila de Saúl. Al llegar la medianoche, todos nos sentamos alrededor de la mesa, cuyo centro era ocupado por la rosca horneada por él. Como cabeza de familia, Saúl tomó la palabra y agradeció a quienes estaban ahí la amistad y la oportunidad de compartir el momento. Agradeció también la oportunidad de estar vivo e hizo votos por que el año que iniciaba fuera el mejor. Sonaron las doce campanadas que anunciaban la llegada de 2014 y empezaron los abrazos. Doña Sara se acercó a una mesita sobre la cual había una serie de fotografías y rompió a llorar; no paró por un buen rato. De la pared colgaba un cuadro con la frase "The love of a family is life's greatest blessing". Más tarde, doña Sara me contaría que cuando su hijo Eleazar enfermó de cáncer ella les decía a todos: "Está prohibido morirse antes que yo".

La mañana siguiente el grupo se dio cita para desayunar el recalentado, la comida que quedó de la cena anterior; además, Gloria hizo menudo. Las mujeres jugaban dominó en la mesa y doña Sara me invitó a pasar a su habitación para conversar. Ahí, rodeada de las fotografías de todos sus hijos, me fue hablando de cada uno de ellos. Elba murió en el parto, y su pequeño Ismael creció como un hijo más de Sara. Rubén era bueno; iba camino a la tienda a comprar leche para sus trabajadores cuando lo mataron. Josefina era la más cercana a ella; iban juntas a las manifestaciones, a las protestas, a las reuniones con activistas. "Imagínese, estar tomando café yo y mi hija, y como a la hora avisarme que ya la habían matado. Fue muy duro", dice sin poder contener un sollozo.

Doña Sara también me contó, entre otras cosas, cuánto le dolió ver a Saúl los primeros días del exilio. Cuando ella llegó a El Paso, la familia aún vivía en el albergue. "¿Se imagina usted lo que es para un hombre que ha tenido panadería toda su vida, acostumbrado a comer el pan calientito, recién salido del horno, no poder trabajar y depender de lo que le den de comer ese día, lo que haya? Llegué y encontré a mi hijo comiendo un pan viejo. Se me rompió el corazón." Postrada en su cama, enferma a consecuencia de una cirugía por una caída que le dejó una herida en la pierna desde la cadera hasta la rodilla, ese primer día de 2014 doña Sara fue desgajando la historia de su familia, y con ella, la del México violento de la última década. "Me mataron a mis hijos. Primero mi nieto Julio César, luego mi hija Josefina, a Rubén, a Elías y a María Magdalena", hace una pausa larga, la mirada clavada en el piso. "Yo siempre anduve con ellos en todo lo que hacían —aguanta un sollozo— en defensa de los desprotegidos. Siempre salíamos adelante, siempre anduvimos juntos, como en lo de Sierra Blanca, todos unidos, nadie se quedaba en casa. Luego que mataron a mi nieto, redoblamos las protestas en contra de la policía, de los soldados. Cuando llegaron los soldados fue cuando comenzó nuestro martirio. Comenzamos a protestar, a juntar gente para exigir que sacaran a los soldados, pero comenzaron a caer mis hijos —se le quiebra la voz, llora abiertamente—. Lo último que fue más duro para mí fue el secuestro de Elías y Malena. No digo que mis otros hijos no me pudieron, con cada uno que iba cayendo se me iba cayendo un pedazo de mi corazón; pero con ellos fue donde se derramó el vaso."

Doña Sara no quería vivir en Estados Unidos. Una de sus hermanas nació en este país y le insistía en que la alcanzara; siendo ciudadana, podía "pedirla" para que obtuviera una tarjeta de residencia, pero doña Sara siempre se negó. "Yo a Estados Unidos, ni para morirme", solía decir. "Y cuando todo esto empezó, yo insistía en que no me venía para acá. No hasta que el último de mis hijos salga de aquí, les decía: yo me voy, le pasa algo a alguno de ellos, y cómo voy a venir a sepultarlo. Pero cuando Saúl tuvo que salir porque le avisaron que lo andaban buscando, yo ya con la pierna rota, no me quedó otra opción. Me dijo: 'Si te quedas, van a ir a buscarte para preguntarte dónde estoy, yo no quiero eso'. Me vine el 22 de diciembre de 2011. Vienes a un país extraño, donde ni siquiera conoces el idioma, pero por salvar tu vida tienes que adaptarte. Me vine porque allá tengo miedo, porque allá no tengo a quien recurrir. Sale uno a la calle y nomás anda viendo para todos lados a ver quién la ve, quién se le arrima. Es la desconfianza que le queda a uno siempre de cualquier persona de allá. A veces me dicen a mí '¿Tú irías a México?', pero nosotros ya no tenemos nada allá, nos quemaron todo, perdimos todo. Ya no tenemos nada. Así que a lo mejor ya no. A lo mejor nomás que me lleven a sepultar con mis hijos. Es todo."

Por la ventana de doña Sara se alcanzaban a ver los lazos con pinzas que sirven para tender la ropa. En días de sol, como ese primer día de enero, la ropa se seca rápido; el problema es cuando sopla el viento, ese que viene del otro lado; entonces, todo se llena de polvo. Es que el desierto es canijo.

CARLOS SPECTOR

EL ABOGADO DE LOS CASOS IMPOSIBLES

Conocí al abogado Carlos Spector a principios de 2013 en un restaurante de El Paso llamado ¡Ándale!, cuyo logotipo es un personaje panzón y con sombrero que sostiene un plato con tacos. Cuando uno entra al lugar, parece que llega a una feria de pueblo, con tejados y rejas sobre falsas ventanas para recibir falsas serenatas. Un regordete imitador del cantante mexicano Joan Sebastian esforzaba su mejor voz para complacer a una escasa audiencia que con su actitud suplicaba que el tipo se fuera. Sandra, la esposa de Spector, me recibió afectuosa en la entrada y buscamos una mesa lo más lejos posible del ruido.

Sandra es una mujer que luce sensacional; entonces tenía sesenta años. Es una veterana activista social y de la organización sindical en Texas. Se le nota la edad en las líneas de expresión del rostro, pero nada más. Tiene los ojos vivaces y el pelo negro brillante. La energía con la que mueve las manos la hace verse jovial y llena de vida. Ese día llevaba botas sobre unos pantalones ajustados y un suéter bajo otro suéter; era enero y el frío de las noches era un recordatorio de que estábamos en el desierto. A pesar de que el inglés es su primer idioma, Sandra habló todo el tiempo en español.

Unos minutos más tarde, con paso seguro, llegó Carlos. Su aspecto me tomó por sorpresa. Anteriormente lo había visto en fotografías y en videos: el mismo pelo rubio rojizo, la piel blanquísima, la nariz prominente, bigotes, patillas y una barba un poco desaliñada; su figura robusta, la voz gruesa y la energía al hablar lo hacían ver imponente. El Carlos de ahora era otro: veinte kilos menos, la piel del rostro caída, los ojos empequeñecidos y la voz ligeramente rasposa, ahogada. Sandra me contó que su esposo fue diagnosticado con cáncer en la laringe unos meses atrás. Tras un agresivo tratamiento con radiación, se encontraba en plena recuperación.

El abogado pidió agua sin hielo y empezó a hablar acompañando la voz con las manos. Spector tiene la actitud de los oradores exitosos, con un toque de predicador pero sin arrogancia. Sonríe, es apasionado y en otras ocasiones que lo he visto me ha parecido que tiene un genuino interés por los casos que desde hace unos meses ocupan su tiempo, la actividad de su despacho y toda su energía: los mexicanos exiliados en Estados Unidos debido a la violencia en México. "Todo es político", me dijo Spector el día que nos conocimos. "El asunto tiene que volverse político para lograr la defensa de quienes piden asilo, para que el gobierno de Estados Unidos entienda lo que pasa."

Spector se refiere al historial de sus representados y a los motivos por los cuales tuvieron que cruzar la frontera: periodistas, activistas sociales y aquellos a los que llama *derechohumanistas*. Cuando el caso de los Reyes Salazar llegó a Spector, el abogado empezó a identificar un patrón. "No eran los casos aislados de solicitud de asilo, esto era distinto", recuerda con un gesto severo, las manos expresivas, los ojos abiertos. "Dada la experiencia que teníamos en movimientos sociales, supimos que éste era un problema político y que la solución tenía que ser política también. Y como parte de ello creamos la estrategia legal. Así que decidimos concentrarnos en aquellos individuos que, ante el ataque, estaban enfocados en la protección de la democracia."

Spector explica su uso de los términos: un derechohumanista es aquel que se dedica profesionalmente a la defensa de los derechos humanos, a diferencia del activista, que busca justicia ante la omisión del Estado, por ejemplo, los familiares de los desaparecidos. En pocos meses, el despacho de Spector integró una lista de veintiún derechohumanistas asesinados. En ninguno de los casos se había hecho justicia.

El interés de Carlos va más allá de la empatía: él mismo se siente uno de ellos. Nacido en 1954 en El Paso, se describe como *pocho* y se siente mexicano. Su madre era de Guadalupe. En cuanto hay oportunidad, el abogado habla sobre unas fotos de su abuelo junto al general Lázaro Cárdenas, presidente de México entre 1934 y 1940, cuando el abuelo era presidente municipal del pueblo. Como ocurre con todas las comunidades de la franja fronteriza, durante su infancia y juventud la casa familiar "del otro lado" era una extensión de su propio hogar. Para Spector, los casos de asilo que vienen de Guadalupe son un asunto personal. "Sabíamos por el chisme familiar que estaba la cosa muy mal, que había entrado El Chapo Guzmán en 2008 y que estaban matando a los líderes de La Línea", cuenta Spector sobre el cártel local de la zona de Juárez. Añade sin inmutarse que en ese grupo estaban algunos de sus parientes "un poco alejados", de manera que conocían los detalles. "Entonces nos llega una llamada de los derechohumanistas de Juárez diciendo que la familia Reyes Salazar quiere pedir asilo político."

Al tomar el caso de esa familia, Spector se dio cuenta de que no se trataba únicamente de ellos: era sólo el botón de muestra de la represión que estaba viviendo un pueblo. Ya sea en Guadalupe, Juárez, Chihuahua o México, para el abogado lo que ocurre en el espacio micro es un reflejo del problema a gran escala, y analizando la relación entre la sociedad civil y el Estado en Guadalupe, según explica, se puede analizar el esquema que opera en todo el país. Uno que en varias ocasiones ha sido descrito por quienes denuncian la situación de violencia en México como *crimen autorizado*. "Cualquier pueblito chico es México grande. ¿Quién controla la tienda, la tortillería, la gasolinera, el banco? ¿Quién controla eso en cada pueblo? Los cárteles. Empecé a analizar la situación en términos de crimen autorizado: los criminales no funcionan sin autorización del Estado, sea a nivel municipal, estatal o federal."

Spector habla de manera apasionada sobre cómo México expulsa a su gente, pero que no sólo eso: a quienes solicitan asilo en Estados Unidos, en México suele calificárseles de traidores. "El país no quiere ver lo que está pasando, pero espera que quienes están bajo ataque se queden a defender con la vida y hasta la muerte al país que los expulsa", asegura.

Estamos en la sobremesa tras nuestra cena y el abogado gesticula para compensar la falta de fuerza en la voz. Le preocupa el hecho de que, desde que el Partido Revolucionario Institucional (PRI), que gobernó México durante siete décadas años y perdió el poder en el año 2000 pero regresó al gobierno federal en 2012 bajo la presidencia de Enrique Peña Nieto, el discurso gubernamental sostiene que en México todo está bien. Un discurso que el gobierno estadounidense, enfatiza, ha comprado, que los medios repiten y que permea parte de la opinión pública internacional.[4] "Con ello lo que provocan es que el asilo en Estados Unidos les sea negado a quienes lo están pidiendo, aunque la extorsión y la amenaza de muerte sigan ahí, en la calle, en la vida cotidiana", dice, airado. "Quienes viven en esta zona lo saben. Las autoridades de Estados Unidos no están preguntando la razón por la que la gente viene sin papeles, y en esta zona, en los años recientes, la razón para venir es el miedo, escapar de la extorsión. La falta —ingresar al país sin documentos— se vuelve un delito, pero eso no le quita a la persona la calidad de víctima."

Estamos por salir del restaurante, pero Spector se detiene para contar un chiste que a su vez le contaron unos paisanos detenidos por las autoridades de inmigración: "Van en una camioneta un hondureño, un salvadoreño, un mexicano y un guatemalteco. ¿Quién va manejando?", hace una pausa. "¡Pues la migra!", se responde a sí mismo atacado de la risa.

——

Martín Huéramo está nervioso. Entra en la oficina de Carlos Spector caminando con paso firme, pero juega con las manos, busca dónde sentarse, se mueve impaciente. Martín forma parte del grupo de exiliados que salió de Guadalupe y llegó a Fabens, y dentro de unos

---

[4] Hablé con Spector sobre el tema en 2013 y 2014, al inicio de la gestión de Enrique Peña Nieto como presidente de México. En los años posteriores, con los repetidos casos de violaciones a los derechos humanos —no solamente en Chihuahua sino también en otros estados, como Veracruz, donde se ha registrado el continuo asesinato de periodistas, o Guerrero, con la desaparición de los 43 estudiantes de la Escuela Normal Rural de Ayotzinapa—, las denuncias por parte de la comunidad internacional aumentaron, aunque eso no tuvo reflejo en una disminución de la impunidad en el país.

días tendrá una audiencia con el juez que revisa su caso de asilo: de la exposición de argumentos que realicen él, Spector y algunos otros testigos, así como de las pruebas que presenten, depende su futuro y el de sus hijos.

Spector es duro cuando habla con Huéramo y todo lo que le dice tiene un sesgo político. Sentados del mismo lado del escritorio color caoba de Spector —desde el cual, balanza en mano, parece que los espía una escultura de la Justicia—, conversan sobre los aspectos débiles de la defensa, los puntos en los cuales podrían encontrar obstáculos para argumentar el asilo. El abogado es directo, obliga a su cliente a concentrarse y le pide algunos documentos. En esas citas impersonales frente a un juez se va definiendo, uno a uno, el destino de los exiliados.

Antes de ser abogado, Spector ya pensaba en ese idioma político que domina tan bien. Cuando ingresó a la escuela de Derecho, a los treinta años de edad, contaba con una maestría en Sociología y un historial de trabajo con organizaciones vinculadas a los movimientos populares centroamericanos y mexicanoestadounidenses. Eran los ochenta, la amnistía para los migrantes indocumentados en Estados Unidos estaba por llegar, y fue en esa época también que conoció a Sandra Garza, hoy Sandra Spector.

La familia de Sandra es originaria del sur de Texas, "antes de que México fuera México, cuando era territorio español", como le gusta explicar a Carlos. Sandra se involucró en el movimiento pro inmigrante encabezado por Humberto "Bert" Corona, el activista chicano que lideró movimientos sindicales y de defensa de inmigrantes indocumentados —postura que en algún momento provocó el distanciamiento de su compañero de lucha por muchos años, el líder campesino César Chávez—. A esa combinación formativa para la joven Sandra se sumó, además, su trabajo con los jóvenes que salieron de México tras la masacre estudiantil de 1968 y un segundo episodio de violencia contra estudiantes, el conocido como halconazo, en 1971. "Conocí a Sandra cuando era organizadora de un sindicato, el International Ladies' Garment Workers' Union", me cuenta Carlos con una sonrisa. Ha pasado un año desde nuestra conversación en el restaurante de El Paso y nos encontramos ahora en la oficina del escritorio caoba, en un edificio ubicado en una esquina de un barrio popular de la misma ciudad. Spector es otro: ha ganado peso, aunque aún se conserva esbelto, y la intensidad del pelo, la barba, la mirada y la voz han regresado. "Unos amigos me dijeron: 'Tienes que conocer a esta muchacha, está haciendo lo que tú haces'. Cuando me la presentaron, vi que estaba involucrada en lo que yo hacía, y encontré en ella a una mujer que me iba a acompañar, a veces a seguir y a veces a guiar, en la lucha social, que emocional y políticamente es tan costosa."

Los Spector han vuelto de esa lucha su forma de vida. El primer caso de asilo político que ganó Carlos fue en 1991 y se trataba de un candidato del Partido Acción Nacional (PAN), el partido de derecha opositor al PRI. El hombre se llama Ernesto Poblano, entonces presidente municipal de Ojinaga, Chihuahua, al que un día "le mandaron un mensaje de que no le permitirían ganar y gobernar", explica Spector sin detallar exactamente en qué consistió la amenaza. Poblano huyó, Spector fue capaz de comprobar la persecución, y ganaron el caso. A Poblano le siguieron otros líderes políticos del mismo PAN o del Partido de la Revolución Democrática (PRD), la oposición de izquierda; disidentes del PRI y sindicalistas. "Pero eso ha cambiado drásticamente, y la gran diferencia de la represión política mexicana en esa época con la situación que se vive ahora es que lo que vemos es una represión masiva. En los ochenta y noventa la represión era claramente enfocada en contra de los liderazgos", explica Carlos. "Yo realmente me meto en la cuestión de asilo político mexicano cuando entra [en funciones, en 1988, el ex presidente Carlos] Salinas [de Gortari] y empezamos a oír de casos de personas que están huyendo y del asesinato de mucha gente de la izquierda. Las cifras eran impresionantes durante esa época, y aunque oíamos de los casos y de la situación, no había mexicanos pidiendo asilo político. Si ahorita es muy raro que esta violencia sea reconocida, imagínate en esa época."

El asilo político es el recurso por el cual una persona, de acuerdo con las leyes internacionales vigentes desde 1952 bajo los criterios de la Organización de Naciones Unidas (ONU), tiene derecho a pedir protección en un país que no sea el suyo si puede comprobar que la persecución está definida en una de cinco categorías: religión, raza, minoría nacional, opinión política o pertenencia a un grupo social. La persecución puede venir de parte del Estado o de un grupo particular del cual el Estado no puede o no quiere proteger al individuo. El recurso nace como un acuerdo entre naciones después de la Segunda Guerra Mundial, cuando el fascismo y el comunismo eran considerados los principales persecutores. "La ley no ha evolucionado con el cambio social, político y económico del momento actual", afirma Spector. "Estamos usando medidas y modelos de hace cincuenta años que no corresponden a la realidad de un Estado fallido, o de un Estado corrompido, que son los que hoy vemos persiguiendo a sus ciudadanos. Ésa es parte de la razón por la cual se niega el asilo político a los mexicanos, porque es un modelo que no corresponde a la realidad mexicana."

Históricamente, el asilo político se ha utilizado como una herramienta para castigar a los enemigos y favorecer a los amigos del régimen al cual llegan los solicitantes. Para los abogados de inmigración, el ejemplo natural es el caso de Cuba, cuyo régimen comunista, opuesto a las políticas de Estados Unidos, hizo que a quienes procedían de ese país les fueran abiertas las puertas con un mínimo de requisitos —hasta enero de 2017, cuando el presidente Barack Obama anunció el final de la política conocida como "Wet feet, dry feet policy", en español "Pies mojados, pies secos"—. Para quienes huyen de la persecución en países comunistas o de Europa del Este no se reconoce el mismo tipo de persecución que para quienes vienen de países "amigos", como México, El Salvador, Honduras, Colombia y Argentina.

Aunque las regulaciones internacionales de asilo político datan de los años cincuenta, fue hasta 1982 cuando Estados Unidos firmó el tratado que establece el reconocimiento y el respeto al derecho a la petición de asilo político, justo en el momento en que daban inicio las guerras civiles en Centroamérica. Spector asegura que esa cadena de factores construyó lo que él llama "una conciencia política del país" que parte de la premisa de que tiene que haber una guerra civil o una tragedia nacional como uno de los requisitos para que un individuo solicite asilo. "En ese periodo la mayoría de los casos eran negados porque se pensaba que los mexicanos no merecían el asilo. La mayoría de quienes huían de la represión eran perseguidos por ser parte de la izquierda mexicana. Muchos estudiantes que sobreviven a la matanza y la persecución de 1968 huyen de México a Estados Unidos, pero no le piden nada a nadie. Por un lado, los mexicanos llegan 'como Pedro por su casa' porque tienen a sus primos pochos, a sus familias; no sienten la necesidad de pedir asilo político porque tienen dónde caer. Y, por otro lado, saben que si lo piden, no se los van a otorgar."

Es con la llegada de Salinas de Gortari al gobierno de México, entre 1988 y 1994, que empieza a registrarse un incremento en el número de casos de personas que huyen de México por persecución. Salinas llegó al gobierno tras una reñida elección con su contrincante de izquierda, Cuauhtémoc Cárdenas —hijo del ex presidente Lázaro Cárdenas, con quien el abuelo de Spector se tomó una foto—, manchadas por la sospecha de fraude electoral realizado desde el gobierno, en ese entonces aún en manos del PRI. Tras la toma de posesión de Salinas de Gortari, los líderes de la izquierda más radical fueron perseguidos, y en algunos casos asesinados, en varios estados del país.

Cuando los casos de los exiliados por el salinismo empezaron a llegar a la oficina de los Spector, decidieron actuar con base en su experiencia en casos similares con personas provenientes de los países centroamericanos, y antes de eso, con los chilenos exiliados por la dictadura de Augusto Pinochet en los años setenta.

Spector tiene una hipótesis acerca de las diferentes características de la represión y la persecución en México entonces y ahora. Durante el salinismo, según esa hipótesis, los ataques estaban focalizados en líderes con características muy específicas, en casos concretos; dado que había un poder centralizado, la represión también era centralizada y dirigida a un objetivo directo. Pero con la caída del PRI en el año 2000, diferentes grupos políticos llegan a los distintos niveles de gobierno: el PAN, partido de derecha, al gobierno federal, aunque varios estados seguían gobernados por el PRI; y a nivel local, en las presidencias municipales, muchas poblaciones estaban en manos del izquierdista PRD. Con la descentralización del poder dividido en tres partidos, la violencia se extiende indiscriminadamente y carece de límites y de objetivos concretos.

En ese contexto, se volvió claro que la mayor parte de los casos de persecución ocurría en las ciudades pequeñas, no en las ciudades principales del país; y en muchas ocasiones, en las zonas clave para el tráfico ilegal, donde se ubican los pozos petroleros y en sitios estratégicos para acceder al agua. Un reflejo de la corrupción que priva ahí donde los cárteles, junto con el Estado, pueden hacer o deshacer. "Pero esto no es sólo en México. El concepto de poder ha cambiado en todo el mundo. Hoy no podemos hablar de centralización de poder casi en ningún lugar; los propios centros de poder también cambian. Hay, por ejemplo, senadores en Estados Unidos que están dejando sus puestos para crear *lobbying groups* [grupos de intereses]. ¿Te imaginas? ¡Salir del Senado, cuando históricamente era el centro del poder! Es interesante que los políticos mismos saben dónde está el poder, y que ese sitio no es en el Congreso. Entonces, si ése es el caso, la represión está viniendo de muchos círculos y muchos centros. Anteriormente era suficiente que el presidente Salinas, por ejemplo, dijera que en tal y tal lado hay estos elementos que podemos eliminar", explica Spector, y pone como ejemplo el asesinato de Luis Donaldo Colosio, el candidato del PRI a la presidencia en 1994, de cuya autoría intelectual siempre ha sido sospechoso Salinas de Gortari. "En el caso de cualquier disidente y político incómodo, la orden venía directamente de una alta esfera del Estado; mis casos más fuertes de asilo llegaron durante esa época, porque la mayoría tenían un papel importante en la política. Muchas veces es difícil comprobar la condición de asilo por opinión política, pero cuando eres un candidato, cuando eres un escritor o alguien que está constantemente criticando al gobierno de manera pública, es mucho más fácil."

Esta última característica fue la que permitió que, al iniciar el éxodo provocado por la guerra contra el narcotráfico de Felipe Calderón, los casos más fuertes de Spector fueran los de los periodistas, con relativamente menos dificultad para comprobar persecución con base en su opinión política o su pertenencia a un grupo social —en ese caso, el ejercicio del periodismo—.

Con los periodistas primero, los derechohumanistas después y una diversidad de casos a los pocos meses, la mayoría de éstos procedentes del estado de Chihuahua, Carlos se convirtió en un experto en la nueva condición de exilio-asilo desde México hacia Estados Unidos. Él, Sandra, su hija Alejandra y un par de personas más en su oficina empezaron a hacerse cargo de esos casos bajo el esquema que en Estados Unidos se conoce como *pro bono*, es decir, sin cobrar o cobrando una tarifa simbólica. Es ahí también a donde llegó el caso de los Reyes Salazar. Para los Spector la evidencia de represión total en los casos del pueblo de Guadalupe era tan obvia, tan "de libro", que jamás pensaron que tendrían obstáculos en lograr su aprobación. Esos casos eran fáciles porque contenían en sí la definición del asilo político. Los veían como casos emblemáticos, para educar a la gente, para decirles que sí había alternativa.

Spector empezó a ganar algunos casos ante la oficina de asilo político, logros que no suelen ocurrir entre quienes tienen que ir ante un juez. Eso se atribuye a que existen dos categorías de asilo político: el asilo afirmativo y el asilo defensivo. Quienes ingresan a Estados Unidos de manera legal, al contar con una visa o un permiso de trabajo, pueden acudir a la oficina de asilo político dentro del país; es a lo que se llama asilo afirmativo. El proceso es más amable, y quienes entrevistan a los candidatos tienen un nivel de especialización sobre el asunto y, de alguna manera, cierta sensibilidad hacia las circunstancias del solicitante, lo cual les permite procesar los casos de forma más certera. Quienes se entregan en los cruces fronterizos y solicitan asilo, o bien quienes son detenidos mientras intentan un cruce ilegal, el asilo es defensivo: buscan defenderse de un proceso de deportación argumentando las causas por las que solicitan asilo. En esos casos, a diferencia del asilo afirmativo, el primer contacto es con agentes de inmigración, que en la mayoría de las ocasiones no cuentan con información ni entrenamiento suficiente para tratar con víctimas de violencia. El procedimiento común es realizar el arresto del solicitante y programar la cita con un juez. Y es entonces cuando viene la batalla. "Nunca pensé que fuéramos a tener que llegar a apelar estos casos en la corte", recuerda Spector, aún incrédulo ante el hecho de que se intente negar el asilo a víctimas de violencia documentada y evidente, como la familia Reyes Salazar. "Ahí es donde me di cuenta de que el gobierno mexicano no está satisfecho con que Estados Unidos rechace el noventa y ocho por ciento de los casos; quieren que se rechace el cien por ciento. Pelean casos que es increíble que rechacen, casos que son la definición clásica de persecución que amerita asilo, casos en los que ha intervenido la Corte Interamericana de Derechos Humanos o las comisiones de derechos humanos estatales y federales; gente que ha hecho todo lo posible para no dejar su país, que es perseguida por criticar al gobierno o al Ejército. Muchas veces es difícil comprobar eso, pero no en una historia de activismo y compromiso como la vinculada con los Reyes. Para mí era incomprensible."

Ya en pleno conocimiento de la situación, Carlos decidió que trabajaría en sentido inverso a como hizo en la lucha por el asilo de los exiliados centroamericanos en los ochenta, que entre otras actividades incluyó la fundación de Movimiento Santuario. Si esa oleada se caracterizó por la invisibilidad de sus integrantes, la estrategia para quienes venían de México tendría que ser de visibilidad, salir a la luz pidiendo asilo, haciendo declaraciones y denuncias públicas, criticando al Estado mexicano, "porque el problema es binacional y la solución tiene que ser binacional: desde acá, atacar y criticar el origen del problema", afirma Spector una y otra vez. Lo que el abogado no anticipó es que, desde la otra parte del problema, en Estados Unidos, no solamente rechazaban, sino además desalentaban a la gente en el momento de presentar su solicitud. "En el puente los insultan, los rechazan y los detienen por periodos prolongados. Hay toda una maquinaria del Estado estadounidense, en complicidad con el Estado mexicano, para desanimar a los mexicanos. Los resultados están en las estadísticas. Muchos de los casos son casos muy fuertes, pero debido a las bajas tasas de aprobación los abogados no toman estos casos. Tiene lógica: si no hay dinero en esto y no hay posibilidades de ganar, ¿entonces por qué lo haces? Son casos difíciles y por eso no los toman."

Ganar casos de asilo político para mexicanos no ha sido negocio, pero le ha dado notoriedad al despacho de Spector. Actualmente se encarga de doscientos cincuenta clientes, unas cien familias, y una a una van cayendo las aprobaciones. En el caso de los Reyes Salazar, por ejemplo, Carlos ha ganado el caso para los seis núcleos familiares del clan que él ha presentado, incluido el de la familia de Saúl y el de doña Sara. Es una situación extraordinaria si se revisa la estadística nacional de ese entonces: de cada cien mexicanos que solicitaron asilo en Estados Unidos, a noventa y ocho les fue negado.[5]

Aunque las cifras son desalentadoras, la situación en México ha hecho que las solicitudes no paren de llegar, incluso una década después. Según el Departamento de Justicia de Estados Unidos, de 3,650 solicitudes de asilo presentadas por mexicanos en 2008 sólo 73 fueron aceptadas. Para 2011 el número de solicitantes se había duplicado, pero de 7,616 únicamente 107 resultaron positivas. Entre 2012 y 2017 las peticiones sumaron 14,688; sólo fueron aprobadas 1,763.[6] Todo esto, a un mundo de distancia de las apenas 133 solicitudes presentadas en 2006, antes de que iniciara la guerra contra el narcotráfico de Felipe Calderón.[7]

Al complicado proceso para los solicitantes y sus abogados, cuando aquéllos consiguen uno de éstos, se suma lo que Spector describe como una interpretación de la derecha extrema en ambos países: en Estados Unidos, la idea de que quienes piden asilo estarían utilizando el proceso para arreglar sus documentos; en México, los calificativos de "buscapapeles", "vendepatrias" y criminales. "En todos los recortes de periódico que tenemos sale tarde o temprano el gobierno mexicano con el mismo análisis", dice Spector, airado. Y entonces pone como ejemplo el caso de Marisol Valles.

Durante unos meses, a Marisol se le conoció como "la mujer más valiente de México". El diario español *El País* la llamó de esa manera y a los medios que siguieron el caso les gustó el mote y les gustó la historia: una joven de veinte años asumía la dirección de Seguridad Pública de Práxedis G. Guerrero, un pueblo del Valle de

---

[5] En los años recientes esas cifras han cambiado un poco. En 2017 el número de aprobaciones para solicitantes mexicanos había subido a 12%, una cifra aún muy baja incluso comparada con otros países de la región. Transactional Records Access Clearinghouse (TRAC), de la Syracuse University: https://trac.syr.edu/immigration/reports/491/.

[6] TRAC: https://trac.syr.edu/immigration/reports/491/include/table2.html.

[7] US Department of Justice, Executive Office of Immigration Review. *Asylum Statistics FY 2011-2015:* https://www.justice.gov/eoir/file/asylum-statistics/download.

Juárez, Chihuahua, donde los comandantes que la precedieron o habían sido asesinados o habían huido ante las amenazas del narcotráfico. Marisol tomaba un puesto que nadie quería, con la promesa de que encabezaría un cuerpo de policía formado mayoritariamente por mujeres y que evitaría la confrontación directa con los grupos delictivos para centrarse en políticas preventivas en el ámbito local.

Cuatro meses más tarde, Marisol empezó a recibir su cuota de amenazas. De los dos posibles destinos, eligió el que la llevó hasta la garita fronteriza para entregarse ante un agente de inmigración. "Soy Marisol Valles y me van a matar. Venimos a pedir asilo", dijo.[8] Con ella iban su esposo, sus padres, sus dos hermanas y su hijo, en brazos, todos con lo que llevaban puesto y sin más equipaje que sus actas de nacimiento. Cuando llegaron a Estados Unidos, tras pasar unos días en un centro de detención para inmigrantes, se fueron a vivir con familiares: diez personas en una casa. Pasaron ocho meses, y no les era otorgado todavía el permiso para trabajar en Estados Unidos, que usualmente se entrega mientras avanza en la corte el caso de asilo. Marisol no podía trabajar, ni conducir un auto, ni tenía forma de ganar dinero.

Ante los cuestionamientos de la prensa cuando Marisol dejó el cargo, la respuesta del presidente municipal de Práxedis G. Guerrero fue negar que la joven hubiera sido amenazada; declaró que había pedido un permiso y que sería despedida si no regresaba a trabajar. El gobernador de Chihuahua, César Duarte, fue más lejos: la acusó de aprovechar su puesto y su "fama" para irse a vivir a Estados Unidos, de dañar la imagen de Chihuahua y de haber abandonado el cargo "por un lío de faldas". Entonces, Carlos Spector tomó el caso de Marisol.

El asunto de la descalificación moral de quienes salen de su país para salvar su vida irrita sobremanera a Spector. Y de eso, asegura, son tan culpables las autoridades, que buscan proteger su imagen ante los medios de comunicación. "Cuando ocurrió lo de Marisol se publicó una nota que decía que ella tenía planeado venir a Estados

---

[8] Como lo narró Marisol Valles a Galia García Palafox en "La mujer más valiente de México tiene miedo", *Gatopardo*, núm. 128, febrero de 2012: http://www.gatopardo. com/reportajes/marisol-valle-la-mujer-mas-valiente-de-mexico-tiene-miedo/.

Unidos desde niña, por las camisetas Polo que usaba a los siete u ocho años", Carlos lanza una sonrisa irónica, mueve la cabeza con indignación. "Me da mucho orgullo tener clientes con tanta visión" añade, ahora con abierto sarcasmo. Al final, el caso de Marisol fue cerrado por el fiscal, lo que significaba que podría conservar el permiso de trabajo que eventualmente le fue otorgado pero no le sería otorgado el estatus de asilo político. "Para mí lo más triste es que aún hay grupos de derechos humanos que ven a quienes piden asilo político como gente que ha abandonado la lucha en México. Tal vez preferirían verlos de morir en México. Ése es para ellos un buen mexicano, el que da su vida, no el que busca salvarla mediante un asilo político."

Tal vez por eso el caso de la familia Reyes Salazar es representativo de ese patrón y del modelo de represión del Estado mexicano. Cuando los grupos delictivos llegan a una población, suelen identificar a quienes encabezan los liderazgos políticos; ésos son los primeros objetivos por oprimir. "Fueron de pueblo a pueblo básicamente con la intención de hacer una limpieza ideológica", explica Carlos. "La pregunta principal era: ¿quién tiene un historial de ser borlotero y hocicón aquí en este pueblo?". Y es así como entre los señalados figuran un periodista, Emilio, en Ascensión; una activista, Cipriana, en Juárez; la familia Reyes Salazar en Guadalupe.

Los Reyes Salazar tenían años identificados como elementos "peligrosos". Durante varias campañas para las elecciones de gobernador en el estado de Chihuahua, Guadalupe fue el único lugar en toda la entidad donde ganó el izquierdista PRD; los candidatos ganadores eran miembros del grupo político de la familia. "A los Reyes Salazar llegaron a callarlos con el pretexto de arrestar a uno de los hijos de Josefina acusándolo de estar involucrado en drogas. Ella protesta, pero lo secuestran; organiza foros contra el Ejército, y empiezan a hostigar a la familia. Mientras más criticaban, más los reprimían. Eso es emblemático de la resistencia en México: la represión abierta y notoria. En el caso de los Reyes es claro que no iban a estar satisfechos, o no lo van a estar hasta que eliminen a la familia entera."

Cuando la familia Spector decidió embarcarse en los casos de asilo surgió Mexicanos en Exilio, la organización conformada por quienes han llegado a la zona de El Paso huyendo de la violencia en Chihuahua para llevar su caso legal con Spector. El objetivo de la organización no es solamente lograr el asilo, sino también denunciar la violencia que sigue existiendo en México, orientar a quienes salen del país huyendo de ella y exigir a las autoridades mexicanas justicia en los asesinatos y las desapariciones. Pero en 2012, cuando la organización empezaba a tomar forma, un parteaguas cambiaría la vida de Carlos: el cáncer lo golpeó y casi lo manda a la lona. "Justo cuando estábamos arrancando me dio cáncer de garganta, de lengua; no podía hablar ni comer. O me querían callar o me querían mandar un mensaje: que tenía que empezar a pensar. Durante esa época tuve, a través de la quimioterapia y la radiación, la oportunidad de saborear la muerte", cuenta, con voz grave, haciendo pausas, con la mirada puesta en los cuadros de artistas chicanos que decoran su oficina. "Para mí el reto era levantarme, ir al baño y caminar una vez alrededor de la casa. Eso era mi vida. Y cuando estaba pensando que ya me iba, nunca recordé el dinero o pensé 'Hubiera tomado este caso, así me habría comprado esto'. Nunca me llenó el corazón eso. Me di cuenta de que la vida es muy corta y que tienes que hacer algo que te llene el alma. Hoy sé que esto es lo que me llena el alma. Yo no fui a la escuela de Derecho para hacer dinero, yo fui para hacer justicia. Y en medio de la enfermedad, recibir a un Carlos Gutiérrez, a quien le cortaron las piernas, diciéndome '¡Animo!'; o a Saúl Reyes, a quien le mataron a los hermanos, para decirme '¡No te agüites!', te da un ánimo y la claridad de que sí estamos haciendo una diferencia. Ellos nos están salvando a nosotros el alma."

LA CONS-TRUCCIÓN DE UNA FRONTERA

E L 2 DE FEBRERO DE 2007, un grupo de cerca de quince vehículos y unas cincuenta personas, encabezadas por la organización pro inmigrante Ángeles de la Frontera, se dio cita en San Ysidro, California, en el extremo oeste de la frontera entre México y Estados Unidos. Una barrera formada con barrotes rectangulares, que en ese entonces estaban suficientemente espaciados para que alguien metiera los brazos por ahí, formaba el muro que separaba los dos países. Hoy esos espacios están cubiertos por una malla metálica con orificios que apenas permiten introducir un dedo. La costumbre popular llama a ese sitio "la esquina de Latinoamérica" por ser el punto más al norte en el pedazo de continente que, a quienes crecimos de México hacia el sur, nos enseñaron a llamar nuestro.

El grupo estaba por iniciar la Marcha Migrante, un recorrido de dos semanas por las principales ciudades fronterizas tanto en México como en Estados Unidos, hasta llegar al extremo este, a Brownsville, Texas. El objetivo era recoger testimonios de quienes viven a uno y otro lado de la frontera sobre la manera en que una reforma migratoria podría beneficiarlos e identificar cómo es que la existencia de un muro entre ambos países afectaría sus vidas cotidianas. Unos meses antes, las multitudinarias marchas pro inmigrantes de 2006 habían vuelto a poner el tema migratorio sobre la mesa de los debates políticos, y como consecuencia de ello por esos días se discutía también en el Congreso estadounidense la iniciativa de ley que permitiría la construcción de una valla continua de protección a lo largo de todo el territorio colindante con México.[9]

La línea imaginaria que empieza en el Océano Pacífico se extiende por 3,326 kilómetros, según lo establecido en el Tratado de Guadalupe Hidalgo firmado hace casi dos siglos entre los dos países, y llega al punto en donde el Río Grande desemboca en el Golfo de México. Por tramos, agua; en otros, montaña; en algunos más, desierto; y en muchos, un muro de acero con alambre de púas levantado a retazos en diferentes momentos de la historia, la frontera es una larga cicatriz que mancilla tierras, bosques y comunidades hermanas, las cuales en la práctica nunca han estado divididas. Uno se puede parar en un punto cualquiera y mirar hacia los dos lados: el agua no cambia de color, la tierra seca suelta el mismo polvo; el viento sopla de un lado al otro, se cuela por las rejas y regresa. Mientras más avanza uno, la línea imaginaria se va convirtiendo en un sinsentido mayor.

Como es sabido, por la frontera entre México y Estados Unidos transitan las esperanzas de cientos de miles de indocumentados que cruzan cada año de manera ilegal, y también las de 350 millones de personas que cruzan legalmente. Sea de una forma o de otra, esa línea tiene el poder de colocar sobre quien la atraviesa etiquetas que se vuelven marcas que deconstruyen y reconfiguran la identidad. Dime cómo, por qué, hace cuánto tiempo, por dónde y en qué dirección cruzaste la línea, y te diré quién eres.

---

[9] Esa discusión volvería a la escena política y al debate público en 2016 con la candidatura de Donald Trump a la presidencia de Estados Unidos. Aunque en repetidas ocasiones analistas y expertos señalaron que la construcción del muro en la frontera resultaba inviable tras la experiencia obtenida después de la aprobación de la iniciativa de ley de 2007 —que evidenció problemas técnicos y presupuestales para llevar a cabo el proyecto—, éste se volvió uno de los principales *talking points* de la campaña de Trump. Una vez llegado a la presidencia en 2017, Trump ha insistido en el proyecto a pesar de reconocer que existen limitaciones técnicas y de asignación de recursos para realizar la construcción. La falta de acuerdo entre el presidente y el Congreso sobre la inclusión del proyecto en el presupuesto de egresos llevó al cierre de las operaciones del gobierno durante las primeras semanas de 2019.

El grupo que participó en la Marcha Migrante eligió el 2 de febrero para iniciar su recorrido. Ese día en México se celebra a la Virgen de la Candelaria, pero es también el aniversario de la firma del Tratado de Guadalupe Hidalgo, un acuerdo leonino resultado de la guerra entre ambos países entre 1846 y 1848 por medio del cual el gobierno mexicano cedió a Estados Unidos el territorio que hoy corresponde a los estados de California, Arizona, Nevada, Utah y parte de Colorado, Nuevo México y Wyoming. Ahí, arbitrariamente, se establecieron líneas divisorias entre California y Baja California, Sonora y Arizona, Nuevo México y la zona oeste de Chihuahua, y se decidió que el Río Grande sería la frontera entre Texas y los estados de Coahuila, Nuevo León, Tamaulipas y la zona este de Chihuahua. Regiones como Paso del Norte, que habían sido por siglos punto intermedio para la protección, el descanso y el reabastecimiento de viajeros en el camino hacia el norte de Nuevo México y, en sentido contrario, hacia Chihuahua, Zacatecas o Ciudad de México, se convirtieron de pronto en lugares limítrofes sobre una frontera internacional.

Pero la frontera entre México y Estados Unidos no es sólo una línea en un mapa, y su construcción no se dio al firmar un documento. Es producto de una larga cadena de acciones y relaciones complejas determinada por elementos políticos, culturales, raciales, económicos, militares, de seguridad y, también, por las dinámicas de los grupos sociales que viven a uno y otro lado de ella. Un laboratorio que legitima y excluye, que define a partir del otro, que reafirma y marca diferencias.

Uno de los historiadores que mejor ha estudiado el fenómeno de la construcción de la frontera es Carlos González Herrera. En su libro *La frontera que vino del norte*, explica el proceso por el cual durante el siglo XIX y parte del XX quedó determinada no solamente la ubicación geopolítica de la línea divisoria entre México y Estados Unidos, sino también cómo se conforman las relaciones que vuelven a alguien "legal" o *alien*, que reivindican o castigan. Y como punto de partida para su análisis eligió la franja El Paso-Ciudad Juárez.

Como algunas otras antiguas ciudades del suroeste estadounidense, la que hoy se conoce como la región Juárez-El Paso fue nombrada en referencia a un punto geográfico y en honor a una figura
católica. Nuestra Señora de Guadalupe de los Mansos de El Paso del
Río del Norte se fundó en 1659 como un pueblo de misión atendido
por la orden de los franciscanos. En la práctica se le conoció simplemente como Paso del Norte y se convirtió en la mejor vía de acceso
hacia el territorio de Nuevo México, jurisdicción de la cual dependió
hasta el año 1823, cuando el asentamiento fue agregado al estado de
Chihuahua. En 1824 el Congreso de ese estado hizo oficial el nombre
de Paso del Norte.

Por su situación estratégica, la región fue clave para los inter-
cambios comerciales entre las ciudades de Chihuahua y San Luis
Missouri, utilizando la Ruta Santa Fe, en el territorio de Nuevo
México —Paso del Norte se asienta exactamente en el punto donde
la frontera de México confluye con los estados de Nuevo México y
Texas—. Ese atractivo impulsó a un grupo de comerciantes extranjeros a establecerse en la región paseña, en la ribera norte del Río Bravo,
que tras la firma del Tratado de Guadalupe Hidalgo quedó en manos
de Estados Unidos.

Poco tiempo después se fundó el condado de El Paso, en Texas.
La población situada del lado estadounidense fue denominada como
Franklin; la región del lado mexicano se siguió conociendo como
Paso del Norte, hasta que el 16 de septiembre de 1888 fue renom-
brada Ciudad Juárez en memoria del presidente Benito Juárez, quien
debido a la invasión de tropas francesas y su entrada en la capital del
país se vio obligado a dirigir desde esa ciudad el gobierno mexicano
entre 1865 y 1866. Con el cambio, el nombre El Paso quedó disponible y Franklin, para ese entonces ya hogar de una poderosa y pujante
élite angloestadounidense, cambió su nombre por El Paso.

Durante los años siguientes, la frontera —El Paso del lado estadounidense, Ciudad Juárez del lado mexicano— tuvo un carácter
práctico. Fue lugar de exilio para los disidentes del régimen encabezado por el dictador Porfirio Díaz, quien gobernó México entre
1876 y 1911 —entre los exiliados, tal vez los más célebres son los
hermanos Ricardo y Enrique Flores Magón—, y fue mercado natural

de armas antes, durante y después de la Revolución Mexicana iniciada en 1910. Pero esa gesta, además de provocar un natural punto de quiebre en las relaciones diplomáticas entre México y Estados Unidos, resultó ser la coyuntura ideal para la construcción de un concepto de frontera desde la visión estadounidense, cargado de clasismo y racismo. La militarización de la zona a partir de 1915 trajo como consecuencia el aumento en el consumo de alcohol y la práctica de la prostitución, y en el imaginario colectivo se convirtió en referente de enfermedad e inmoralidad. Por el resto de la década, e incluso durante los años veinte, la ciudad no volvería a tener una situación estable y pacífica.

La frontera entre México y Estados Unidos como la conocemos ahora se empieza a gestar en un momento en el que ambos países atraviesan por procesos definitorios. Estados Unidos, una vez consolidada su cohesión interna como país, empieza a marcar sus límites y alcances como potencia, a medir su poderío trasnacional. México, en tanto, construía su identidad postrevolucionaria teniendo como epicentro la ciudad capital mexicana, mil ochocientos kilómetros al sur del cruce El Paso-Juárez. Aunque varios de los líderes del nuevo régimen eran originarios de los estados del norte —Chihuahua, Coahuila, Sonora—, la franja fronteriza era en ese momento, como lo había sido antes, el territorio agreste y vacío que funcionaba más como elemento de separación que como espacio de conexión.

Paso del Norte se convirtió en el laboratorio de lo que sería la frontera y sus implicaciones más amplias en los años posteriores. Se empezó a hacer una diferenciación de comportamientos y gustos populares "para hacerle evidente a los mexicanos de ambos lados de la frontera que ese punto era un resguardo de la civilización y democracia occidentales, de las que evidentemente ellos no formaban parte. [... C]odifican las diferencias y construyen la 'otredad'", escribe González Herrera, y añade: "el marco jurídico, los tratados internacionales y todo el cuerpo regulatorio que Estados Unidos elaboró para distinguir al *alien-otro-extraño* pueden ser entendidos por gobernantes y burócratas, incluso por ciertos segmentos 'ilustrados' de las sociedades pero, y es un pero mayúsculo, son absolutamente inútiles cuando se busca interiorizarlos en la conciencia de los ciudadanos 'de a pie.'"[10]

Esta descripción de González Herrera trajo a mi memoria un episodio ocurrido precisamente en la región El Paso-Juárez durante la Marcha Migrante mencionada al inicio de este apartado, a partir de una charla que sostuve con John Cook, alcalde de El Paso de 2005 a 2013, quien entonces tenía —y sigue teniendo— su propia concepción sobre la frontera.

Ese febrero de 2007, cuando el presidente mexicano Felipe Calderón recién iniciaba su gobierno y nadie imaginaba el alcance y las consecuencias que tendría su "guerra contra el narcotráfico", Cook —quien antes de ser alcalde fue profesor, hombre de negocios, veterano de los servicios de inteligencia del Ejército estadounidense y concejal de su ciudad— lideraba un grupo formado por él y otros once alcaldes de ciudades fronterizas, tanto en Texas como en las ciudades mexicanas que colindan con ese estado, para exigir que se diera marcha atrás al proyecto de construcción del muro fronterizo. "Si el gobierno federal tiene dinero para construir un muro, que me lo dé y yo construyo un puente", era su *motto* en esos días.

Un mes antes de nuestra reunión, el grupo de alcaldes comandado por Cook había viajado a Washington, D.C., para reunirse con legisladores y con el entonces secretario de Seguridad Nacional de Estados Unidos, Michael Chertoff, para manifestar su desacuerdo con el proyecto y explorar soluciones alternativas. "Les dijimos que no queremos un muro en Texas porque nuestro principal socio comercial es México", me contó Cook, quien me sorprendió por su amabilidad y disposición para recibirme aunque no tenía una cita con él: llegué a su oficina, expliqué a un guardia de seguridad el motivo de mi visita, y diez minutos después estaba hablando con el funcionario en su despacho. En aquel entonces, antes de que el Operativo Conjunto Chihuahua cayera sobre Ciudad Juárez, el alcalde aseguraba que por cada diez empleos que se generaban en la industria manufacturera

---

[10] Carlos González Herrera, *La frontera que vino del norte*, México, Taurus, 2008 ("Taurus Historia").

de ese lado de la frontera se generaba uno más en El Paso. "Puedes tener una devaluación del dólar, y toma meses en repercutir en El Paso. Pero se devalúa el peso, y nos golpea el mismo día. En El Paso la frontera no nos divide, nos une. La gente en Washington, en particular los que están haciendo las leyes, no tiene idea de lo que está pasando en las comunidades fronterizas. Yo los invito a que se paren de sus sillas y vengan a conocer mi parte de la historia."

Dos meses antes, los alcaldes de las comunidades de Del Río, Texas y Ciudad Acuña, Coahuila, hicieron una caminata hasta Eagle Pass, donde los recibieron el alcalde de esa ciudad en el lado estadounidense y el de Piedras Negras del lado mexicano. El mensaje en cada ocasión era el mismo: las nuestras son comunidades hermanas, no nos pueden poner en medio un muro. "Nuestra comunidad es muy pro inmigrante, así que lo que necesitamos es una reforma que resuelva los problemas migratorios, tener a los trabajadores viniendo legalmente", añadió Cook. "No tenemos por qué tener a un padre que vive en el otro lado de la frontera y no pueda ver a sus hijos de este lado. Eso no es humanitario y no es lo que caracteriza a nuestro país."

Un día después de mi reunión con el alcalde Cook, crucé por la mañana a Ciudad Juárez. Ese día en Paso del Norte, uno de los puentes que comunican a ambas ciudades, era la evidencia de lo que habíamos hablado: la gente iba y venía, apurada; los de un lado que se confunden con los del otro y se vuelven uno solo. Cuando iba a mitad del puente, un hombre se me acercó, con confianza, me saludó diciéndome: "Usted es la periodista que viene de California, ¿verdad?". Volteé a ver su rostro, y lo reconocí, aunque no vestía su uniforme: el guardia de seguridad que me había recibido un día antes en la oficina de Cook era un juarense sonriente que todos los días cruzaba para trabajar en la oficina del gobierno de El Paso.

La construcción de la frontera con México fue ejecutada sobre dos principios que regían la visión de la relación bilateral a finales del siglo XIX y principios del XX. El primero consideraba el país del sur como fuente de fuerza de trabajo barata por no calificada a la que podía expulsar cuando así conviniera gracias a la contigüidad geográfica. El segundo, que la construcción del otro como un extraño permanente, entre otras cosas, reforzaría la propia identidad. Así aparece en la frontera un sistema articulado de vigilancia y seguimiento de los desplazamientos de las personas de sur a norte; se empieza a registrarlos, clasificarlos, nombrarlos de acuerdo con una escala de valores —la otredad tiene sus categorías— y convertirlos en una estadística. Lo que se puede medir, se puede evaluar y controlar.

La creación de esa frontera en las primeras décadas del siglo xx no tenía como primera intención impedir que los mexicanos cruzaran a Estados Unidos. Inicialmente, la "otredad" de los mexicanos se construyó con base en el control de las personas, de sus cuerpos. La práctica de observar, preguntar, tocar y, en el caso de algunos inmigrantes y trabajadores, de bañar, desinfectar y vacunar —por ejemplo, los miembros del Programa Bracero, trabajadores temporales para el campo "importados" de México—, empezó a formar parte de una serie de rutinas de control cada vez más restrictivas, intrusivas y violentas.

La frontera, que para fines prácticos sirvió para registrar el ingreso y la ubicación geográfica de los miles de trabajadores que llegaron en esa época al suroeste de Estados Unidos, se endureció tras la aprobación de la primera Ley de Inmigración en 1917. Con reglamento en mano, el Servicio de Inmigración tuvo argumentos para clasificar a los mexicanos como extranjeros a los que se podían aplicar numerosos obstáculos para cruzar libremente la frontera, incluido un impuesto de ocho dólares para cualquiera que pretendiera ingresar al país. Lo que siguió fue la burocratización del control de la frontera: hacia 1923, trescientos empleados fueron distribuidos en cruces desde Tijuana hasta Brownsville. En 1924 se formó oficialmente la US Border Patrol (Patrulla Fronteriza), que en 1940 alcanzó el número de mil quinientos agentes; la cifra se fue incrementando a través de las décadas, hasta llegar a más de veinte mil agentes en 2014. En 2017 el número se situaba en diecinueve mil quinientos.[11] Hoy

---

[11] US Border Patrol, FY 2017: https://www.cbp.gov/sites/default/files/assets/documents/2017-Dec/USBP%20Stats%20FY2017%20sector%20profile.pdf.

existen en los puertos de entrada terrestre aparatos de alta tecnología que permiten radiografiar un auto completo, con los pasajeros en su interior. Las llamadas *passport card* tienen un chip que permite que una máquina las lea desde varios metros antes de que el viajero llegue al punto de inspección. Y en una especie de acuerdo tácito, todo el mundo sabe que las palabras "arma" o "bomba" no se dicen en las inmediaciones de una inspección de inmigración, una aduana o un aeropuerto, porque alguien vinculado con la autoridad siempre estará escuchando.

A pesar de todo, quienes al paso de los años han habitado esa extensa región, incluida una importante población de origen hispano y mexicano, no han podido hacer un corte total acorde con las duras líneas internacionales. Las franjas fronterizas son zonas acostumbradas a una constante comunicación y movilidad entre sí, cuya vida cotidiana por décadas resultó ajena a los gobiernos con sede en Washington, D.C., y en Ciudad de México. Las comunidades han seguido unidas por viejas prácticas, lazos familiares e interpersonales, así como por intereses económicos muy fuertes.

Una estampa más de la Marcha Migrante de 2007 resulta oportuna para redondear esta idea. En uno de los cruces fronterizos menos transitados, el que une los poblados de Del Río, Texas, con Ciudad Acuña, Coahuila, unas ochenta personas se habían dado cita para recibir a la caravana. Sentados a la mesa en un restaurante mexicano del lado estadounidense, bajo un letrero que rezaba "Bienvenidos a nuestra comunidad Del Río-Acuña", los comensales hablaban de las dos ciudades como si fueran una sola, como si no estuvieran divididas por un río que marca una frontera en la cual el gobierno estadounidense pretendía construir un muro. "Eso es porque quienes toman estas decisiones no saben de la dinámica que vivimos quienes estamos todos los días en la frontera", me dijo Jay Johnson, un activista fundador del proyecto Border Ambassadors y habitante de Del Río. "Pretenden poner un muro. Es como levantar una pared en medio de una casa, de una familia."

Durante el recorrido de la caravana a lo largo de la frontera sobre el estado de Texas, la idea de una posible irrupción de un muro en la vida cotidiana de esa gente representaba una violencia palpable a cada paso. En aquel estado los pequeños poblados en ambos lados han sido amigos, vecinos, hermanos durante siglos. No existe nada que les indique la diferencia entre una tierra y otra, y hasta antes de los atentados terroristas del 11 de septiembre de 2001, unos y otros cruzaban la frontera para realizar las actividades de una comunidad regional que tiene todo en común con los que viven en el país de enfrente. Sin embargo, con los cambios en las medidas de seguridad fronteriza la realidad para ellos se había vuelto absurda. Por ejemplo, en el exclusivo resort Lajitas, en Texas, uno de los cien mejores hoteles del mundo, todos los trabajadores provenían de los pequeños poblados vecinos de México —tal como aquel guardia de seguridad de la oficina del alcalde de El Paso—. Del lado estadounidense no hay pueblos en varias millas a la redonda del resort, así que la relación beneficiaba a ambas partes: del lado mexicano no había empleo y en el vecino se necesitaba mano de obra. El problema es que tras los cambios en los reglamentos quedó prohibido que la gente que vivía en México cruzara a Estados Unidos por puntos que no fueran una garita oficial, y la más cercana para esa comunidad estaba a dos horas por tierra. Es decir, en lugar de cruzar en quince minutos, los empleados tendrían que desplazarse casi cuatro horas para ir a trabajar y de regreso. Por supuesto, nadie lo hacía: la gente seguía cruzando por donde siempre. Pero una ley escrita desde los sillones del Congreso en Washington, D.C., por personajes que no conocen la frontera de la noche a la mañana convirtió un grupo de trabajadores en delincuentes por hacer lo mismo que habían hecho durante años. El dueño del hotel, como protesta simbólica, instaló uno de los hoyos de su campo de golf en territorio mexicano.

Al día siguiente de estar en Del Río, la Marcha Migrante hizo una escala en Laredo, Texas, justo cuando la ciudad se preparaba para la fiesta más importante del año: el 17 de febrero, día del nacimiento de George Washington, se realiza una celebración cuyo momento cumbre es la Ceremonia del Abrazo. El ritual es tan sencillo y hermoso como su nombre lo insinúa: los habitantes de ambos lados de la frontera, Laredo en Estados Unidos, Nuevo Laredo en México, cruzan el puente que une ambas ciudades y, justo a la mitad, se dan un abrazo de amistad. "Ese día se para el tráfico en el puente internacional y la gente de aquí va a encontrarse con la de allá", me explicó Juan Ramírez, vicealcalde de Laredo. "Del otro lado vienen autoridades locales, senadores, diputados... muchísima gente, y de aquí va casi todo el pueblo. Un niño y una niña de México, vestidos él de charro y ella de china poblana, encabezan el grupo, y de este lado igual, un niño y una niña vestidos a la usanza tejana. En el momento más importante, a la mitad del puente, se abrazan".

Ese ritual lleva ciento veinte años celebrándose en el cruce fronterizo, en medio de dos comunidades que cada año renuevan su amistad. Por ahí también se pretendía que pasara un muro.

SEGUNDA PARTE

Exilio y asilo

ANNUNCIATION HOUSE: LA TRADICIÓN DEL ASILO

A DIEZ CUADRAS de la frontera entre México y Estados Unidos se yergue un edificio de ladrillo rojo. La construcción, de casi un siglo de antigüedad, se ubica en la ciudad de El Paso. Del otro lado del río, se sabe, está Ciudad Juárez. Y se sabe también que, a pesar de haber sólo unos pasos entre una y otra, quienes llegan al edificio rojo pueden sentirse finalmente a salvo.

Desde su fundación en 1978, Annunciation House ha ofrecido refugio: una cama, una ducha y comida caliente a personas desamparadas y sin hogar. La idea surgió entre 1976 y 1977, cuando un grupo de adultos jóvenes, católicos e idealistas, se reunieron en El Paso buscando un propósito mayor, algo que los hiciera sentir que estaban cumpliendo con una misión. Entonces, pensaron en crear un sitio donde pudieran recibir a quienes vivían sin hogar. En 1978 la diócesis católica de El Paso decidió que el proyecto valía la pena, y apoyó a los muchachos cediéndoles para su uso el segundo piso del edificio de ladrillo rojo, bajo la condición de que le dieran mantenimiento. Había nacido Annunciation House.

Rubén García se encontraba en ese grupo de jóvenes. Siendo director de la Oficina para Adultos Jóvenes de la diócesis, decidió encauzar su entusiasmo y energía en el proyecto. Él y otros cuatro dejaron todo y se mudaron al segundo piso para buscar "a los más pobres entre los pobres" y extenderles una mano. "Cuando la casa empezó, aquí en El Paso sólo había dos albergues", recuerda García, quien hasta la fecha se desempeña como director de Annunciation

House. "Lo que nosotros no sabíamos es que esos albergues no recibían a personas indocumentadas."

Era 1978 y, tras el fin del Programa Bracero, el acuerdo que permitió que entre 1942 y 1964 los trabajadores mexicanos ejercieran sus oficios temporalmente en Estados Unidos, las leyes migratorias se habían endurecido. Ningún servicio social podía ser otorgado a quienes no contaran con documentos. "Si una mujer acababa de cruzar la frontera con sus dos hijos y andaba en la calle y buscaba quedarse en alguno de los albergues, no podía alojarse ahí. Nosotros no sabíamos eso. Nos dimos cuenta cuando nos topamos con inmigrantes que nos dijeron que habían buscado ayuda y que se las habían negado porque no tenían papeles", me cuenta García. "No había un lugar donde los indocumentados pudieran recibir los servicios más básicos para su supervivencia. Nos dimos cuenta entonces de que los inmigrantes eran el grupo más vulnerable. Que eran ellos los más pobres entre los pobres."

Desde los primeros opositores al régimen del dictador mexicano Porfirio Díaz que hicieron de El Paso su centro de operaciones conspiratorias, la zona de El Paso-Juárez ha sido, por más de un siglo, el escenario donde se desarrollan los cruces migratorios que tienen que ver con el exilio y el asilo entre México y Estados Unidos, a veces incluso proveniente de Centroamérica. Tras ese primer exilio revolucionario, seguido de un segundo ciclo de arribo de migrantes mexicanos durante la época del Programa Bracero, en los años ochenta vendría la oleada de exiliados provenientes de Centroamérica, esa vez heridos de guerra civil. Muchos de los salvadoreños y guatemaltecos que buscaron salvar su vida en Estados Unidos encontraron su sitio en Annunciation House. "La casa fue fundada en 1978, en el momento en que los sandinistas derrotan a Somoza en Nicaragua y toman control del país", sigue contándome García. "Es cuando la guerrilla de El Salvador y Guatemala se lanza con la esperanza de que ellos también podrían lograr un cambio de gobierno, que como sabemos, no pasó. Pero la guerra civil provocó un flujo de migrantes exiliados y El Paso fue una de las fronteras a donde llegaron, así que los recibimos en la casa."

Con la ampliación de los programas de protección de las fronteras por el gobierno de Estados Unidos durante la década de los noventa y el endurecimiento de las políticas migratorias tras los atentados del 11 de septiembre de 2001, la migración indocumentada hacia ese país se volvió cada vez más riesgosa, pero no por eso numéricamente menor. Durante las dos últimas décadas Annunciation House ha permanecido llena, con un promedio diario de entre cien y ciento veinticinco personas la mayor parte del tiempo. En sus años de funcionamiento, según calcula García, él y sus voluntarios han recibido a cerca de ciento veinticinco mil personas.

Saúl Reyes Salazar cruzó el puente de Santa Fe con su esposa y sus tres hijos en febrero de 2011. Cuando llegaron a El Paso, tan sólo con lo que llevaban puesto, con la esperanza de iniciar un proceso de asilo político que les permitiera salvar su vida, el primer sitio que los alojó fue Annunciation House.

Decenas de historias como la de los Reyes se desgranan en ese lugar. Familias que han sido acosadas, perseguidas y violentadas, cuyas propiedades son devastadas o quemadas, y que viven marcadas por la impunidad de la que gozan los responsables. Una estimación realizada por la Universidad Autónoma de Chihuahua indica que durante los cinco primeros años a partir de 2008, cuando inició la violencia en la zona, cerca de cien mil mexicanos mudaron su lugar de residencia de Juárez a alguna ciudad de Estados Unidos; la mitad de ellos fue a El Paso.[12]

Como ocurrió con los acomodados porfiristas de principios de siglo, algunos de quienes salieron de Juárez contaban con los recursos, una visa o un permiso de trabajo para permanecer legalmente en Estados Unidos; otros, como los Reyes, consideraron que tenían un caso de asilo suficientemente fuerte y decidieron iniciar el proceso legal. Pero esos casos son la excepción. Aunque en Paso del Norte la migración y el asilo son algo cotidiano, la política restrictiva de Estados Unidos para otorgar asilo político a quienes vienen de ciertos países,

---

[12] Séverine Durin, "Los que la guerra desplazó: familias del noreste de México en el exilio", *Desacatos*, núm. 38, enero-abril de 2012, pp. 29-42: Centro de Investigaciones y Estudios Superiores en Antropología Social, México: http://www.redalyc.org/pdf/139/13923155003.pdf.

incluido México, hace que la mayoría de quienes vienen de ese país opten por la única alternativa que les queda: ingresar sin documentos o con una visa temporal, que pronto dejan vencer, para perderse en la anomia de los 11.5 millones de indocumentados que viven en el país.

"Lo que pasa en México ha tenido repercusiones de este lado. Cuando una de las dos ciudades está saludable, la otra también lo está; lo mismo ocurre si una de las dos enferma", asevera el sacerdote Arturo Bañuelas, que conoce bien su ciudad. Párroco del Templo de San Pío durante veintiséis años y recientemente mudado a una nueva parroquia, también en El Paso, Bañuelas ha sido cercano al trabajo de García en Annunciation House. La operación de ese sitio es indispensable, asegura Bañuelas, especialmente ante el exilio generado por la violencia reciente en Juárez. Todo movimiento allá tiene eco en El Paso. "Existen lazos económicos, culturales y religiosos muy fuertes. La gente aquí es una sola comunidad. Hoy sabemos, que tras la ola de violencia, por cada persona asesinada cien más han sido afectadas en ambos lados de la frontera. Washington, D.C., y la Ciudad de México, las capitales de ambos países están muy lejos de aquí, pero los gobiernos no entienden eso. Estamos más cerca uno del otro de lo que estamos de las capitales de nuestros países. Así que quienes tenían recursos encontraron la manera de salir cuando empezó la violencia; los que se quedaron en Juárez son los más pobres, los que no pudieron pagar por su exilio."

Una mañana de julio de 2014, Rubén García recibió una llamada. Era un representante de Immigration and Customs Enforcement (ICE), es decir, la Agencia de Inmigración y Aduanas de Estados Unidos. El agente le habló del incremento en el número de migrantes menores de edad que viajaban solos, o acompañados por sus madres, detenidos en el área del Río Grande, al sur de Texas. Las autoridades de inmigración apenas se daban abasto para procesarlos, pero advertían que tras su liberación bajo fianza no tenían adónde ir: los dejarían en libertad sin tener un techo o una familia que los recibiera. Entonces, el agente anunció a García: iban a llegar al centro de procesamiento de El Paso algunos aviones con ciento cuarenta personas cada uno. "Los vamos a soltar bajo palabra. A los que no tengan a donde ir, ¿los podría recibir usted?", le preguntó.

Aunque García está acostumbrado a recibir familias enteras, la llamada lo sorprendió por venir de quien venía. Por muchos años Annunciation House fue víctima de redadas y acoso de la Patrulla Fronteriza y los agentes de inmigración. Al menos una vez al año, según afirma. Sin embargo, gradualmente las agresiones bajaron de intensidad, al punto de que en ocasiones han sido los propios agentes de inmigración los que llevan ahí a mujeres embarazadas, personas enfermas o niños, todos sin documentos. En el caso de los menores que llegaron con la llamada "oleada de niños migrantes centroamericanos que viajaban no acompañados" en 2014, la casa terminó alojando a cerca de dos mil quinientas personas. En 2018, ya bajo la administración Trump y con la "crisis" de separación de familias en la frontera, la situación se repitió. "Pero esto es lo que hemos hecho por treinta y seis años", dice García sin inmutarse.

Annunciation House se ha convertido en un icono para la comunidad paseña, cuyos miembros se jactan de vivir en "la Ellis Island del sureste de Estados Unidos", como lo describe el periodista mexicanoestadounidense Alfredo Corchado, cuya familia, originaria de Durango, tras vivir algunos años en los campos de California hizo de El Paso su casa. "Esta ciudad es el hogar para la gente que busca reinventarse, que huye de tiempos difíciles y necesita seguridad, una forma de reempezar", explica Corchado con orgullo. "En El Paso encuentras remanentes de la historia: los rostros de la Revolución Mexicana, del Movimiento Cristero, del movimiento estudiantil de 1968. Y, en estos días, está la gente que huye de México por la violencia. Es una ciudad que acoge a los oprimidos, a los desposeídos, a los que han vivido el derramamiento de sangre y la incertidumbre. Annunciation House ha permanecido por más de tres décadas cerca de las turbulencias en México, a una o dos millas de distancia, como un faro de esperanza."

En mayo de 1976, cuando García aún trabajaba para la diócesis, tuvo la oportunidad de extender una invitación a la Madre Teresa de Calcuta para que visitara a su grupo de jóvenes adultos. La madre aceptó la invitación e inició una relación entre ambos que dos años más tarde llevó a la religiosa a invitar a García a sumarse a un proyecto que ella estaba iniciando. Pero entonces García ya tenía la autorización para crear un espacio que albergara a los más pobres de los pobres, y así se lo hizo saber: no podía aceptar la invitación. La Madre Teresa respondió con una carta celebrando su decisión: "Ahora podrás salir a hacer un trabajo de anunciación. Anunciarás las buenas nuevas y darás a la gente un hogar en nombre de Jesús".

A partir de ese momento, estaba dictado el destino de Annunciation House.

EL ASILO POLÍTICO:

ABRIR LOS BRAZOS, PERO NO A TODOS

Rocío Hernández ha estado en dos ocasiones en centros de detención de inmigrantes en Estados Unidos. Las dos estancias de Rocío en esos sitios han tenido una peculiaridad: en ambos casos, la chica llegó ahí desde México por voluntad propia. La primera vez fue en octubre de 2013, cuando se presentó en la frontera pidiendo asilo político. La segunda vez fue en marzo de 2014, con el mismo objetivo. Tras permanecer un mes en detención en cada ocasión, las autoridades le negaron el proceso de asilo y la deportaron. Tenía veinticuatro años. Al momento de presentar su solicitud, Rocío había pasado cuatro años en México, su país natal; pero antes de eso vivió sin documentos en Estados Unidos durante quince años, la mayor parte de su vida. "Yo me regresé a México por mis estudios, buscando una oportunidad para hacer una carrera profesional", me contó en 2014 a través de una conversación telefónica desde Veracruz, a donde llegó a vivir tras la segunda deportación.

La joven —morena, cabello largo obscuro, ojos brillantes, sonrisa enorme, luminosa— migró a Estados Unidos con su familia, sin documentos, cuando ella tenía cuatro años de edad. Su vida transcurrió como la de cualquier otra niña en ese país: fue a la escuela, hizo planes sobre lo que quería ser cuando fuera mayor, pero al intentar seguir estudiando después de graduarse de la preparatoria descubrió que en adelante las puertas estaban cerradas por no contar con un número de seguro social. "En ese momento quería ir a una escuela de arte, que cuesta el doble que una escuela normal, y yo no tenía acceso a becas, ni a ayuda financiera para inmigrantes. Mis papás no estaban bien económicamente, así que no podían solicitar un préstamo. Teníamos problemas, y yo no quería seguir esperando a ver cuándo iba a poder tener una educación, así que tomamos la decisión."

"La decisión", tomada cuando Rocío tenía diecinueve años, consistió en que regresaría a México y buscaría seguir estudiando ahí, dejando en High Point, Carolina del Norte, a sus padres, su hermana de diecisiete años y su hermano de trece. Llegó al estado de Veracruz, de donde es originaria la familia, y se inscribió en la carrera de Diseño de Imagen y Relaciones Públicas. Al pasar los meses descubrió que no le iba a ser tan fácil. Se sentía extranjera en el país que se suponía que era el suyo, y el estado que sus padres recordaban con cariño estaba convertido en uno de los más peligrosos de México, en donde durante más de diez años han operado impunemente los cárteles del narcotráfico y los grupos del crimen organizado. A pesar de la evidencia que existe sobre la situación que se vive en México y particularmente en Veracruz —el estado con el mayor número de periodistas asesinados, en donde los jóvenes son secuestrados y cuyos cuerpos aparecen semanas después en fosas comunes con otros cadáveres—; a pesar de que Rocío ofreció pruebas sobre su situación particular, de haber pasado la mayor parte de su vida en Estados Unidos, y de que su familia completa se encontraba aún allá, su caso no se consideró suficientemente fuerte para iniciarle un proceso de asilo. "Mi sueño era un día irme a vivir a Los Ángeles y trabajar en una agencia de diseño de modas, pero no se pudo. La verdad es que yo no me imagino viviendo en México, vivo con miedo, así que estoy viendo la posibilidad de irme a Londres a estudiar arte, o moda", me confió la joven cuando finalizó nuestra conversación. A sus padres, cuya situación migratoria les impedía viajar a México a visitarla, llevaba cinco años sin verlos.

La mayoría de los indocumentados que viven en Estados Unidos han sido parte de su sociedad, su economía y su cultura no desde hace uno, ni dos, ni tres años; el tejido de la sociedad estadounidense se construye con las fibras de décadas de vida migrante. De dicha población, como es sabido, una proporción importante son mexicanos. Se estima que de los 11.5 millones de indocumentados en Estado Unidos, seis millones[13] son originarios de México.

Si se da un vistazo al total de personas que carecen de documentos, es fácil encontrar que la mayoría ha vivido en el país por largo tiempo. Sólo 14% ha estado aquí por menos de cinco años, en comparación con 66% que lleva una década o más haciendo de Estados Unidos su hogar.[14] Como en el caso de Rocío, la mayoría cuenta con raíces, afectos, comunidad y familia en Estados Unidos aunque para la ley sigan siendo *aliens* y se les niegue la oportunidad de trabajar, de seguir estudiando, de construir una vida estable y con certezas. Pero en el caso de los mexicanos, esa proporción es aún más notable: sólo 7% de los inmigrantes mexicanos sin documentos han estado en el país por menos de cinco años, y muchos de ellos tienen más de veinte años siendo parte de la sociedad estadounidense.

A pesar de esa característica, que indica que en general los mexicanos podrían tener un mayor arraigo en Estados Unidos o tener un historial más consistente como parte de su aparato productivo, hay algo que parece marcar a quienes son de México con una especie de estigma ante los ojos de la sociedad, y de la ley, que los hace parecer "más indocumentados" que quienes tienen otra nacionalidad. Para muestra, el proverbial botón: del total de inmigrantes deportados en el año 2015, cerca de 65% fueron mexicanos,[15] a pesar de que ese grupo conforma sólo 52% del total de la población indocumentada.[16] Ale trato diferenciado otorgado desde dentro con base en los mitos y clichés repetidos con frecuencia respecto a la población mexicana —y que fueron lamentablemente reproducidos

---

[13] Jens Manuel Krogstad, Jeffrey Passel and D'Vera Cohn, *5 facts about illegal immigration in the US*, Pew Research Center, September 2016: http://www.pewresearch.org/fact-tank/2016/09/20/5-facts-about-illegal-immigration-in-the-u-s/.

[14] Jeffrey Passel and D'Vera Cohn, *Unauthorized immigrant population stable for half a decade*, Pew Research Center, September 2016: http://www.pewresearch.org/fact-tank/2016/09/21/unauthorized-immigrant-population-stable-for-half-a-decade/.

[15] Department of Homeland Security, "FY 2015 ICE Immigration Removals", *FY 2015 Statistics*, 2016: https://www.ice.gov/removal-statistics.

[16] *Idem.*

por Donald Trump durante su campaña presidencial— se suman los tratados de repatriación expedita, que establecen que los migrantes de los países contiguos a Estados Unidos —México y Canadá— que sean detenidos cruzando ilegalmente la frontera pueden ser enviados de vuelta a su país de origen inmediatamente sin necesidad de pasar por un proceso judicial, en tanto que los migrantes del resto del mundo no. "Esto es algo a lo que yo he llamado 'la exclusión mexicana'", dice Carlos Spector, cuya diaria faena es enfrentar la inercia de rechazo a los casos de inmigrantes y solicitantes de asilo mexicanos en las cortes de inmigración estadounidenses. "Los acuerdos estipulan que los países territorialmente contiguos a Estados Unidos tendrán un proceso expedito, pero evidentemente esto está pensado para quienes llegan por la frontera mexicana. No tienes oleadas de inmigrantes llegando o siendo deportados por la frontera canadiense, ¿verdad? Esta previsión tiene por objetivo a México. aquellos a los que les es negado el asilo, quienes son retornados, no lo son por razones legales sino políticas, para evitar que la crisis humanitaria que se sufre en México se refleje en el otorgamiento de asilo político: dar asilo político es reconocer que hay violación de derechos humanos, porque la mayoría de las violaciones tienen como responsable al Estado mexicano, de manera directa o indirecta. Lo que los jueces tratan de hacer para ocultar eso es calificar los incidentes violentos que han sufrido las víctimas como actividad criminal, que no es causal de asilo. Y sí, quienes vienen de México huyen del crimen, pero el crimen lo está cometiendo el propio Estado, y eso no es reconocido. Reconocen los abusos en Cuba, en Venezuela, en todos lados menos en México."

Los criterios de excepción para algunas nacionalidades, en comparación con otras a las cuales parecen abrírsele de manera más sencilla las puertas de la migración legal, el asilo o el refugio, son una constante que ha marcado las políticas migratorias estadounidenses durante las últimas décadas. Cubanos, venezolanos, sirios, chinos o colombianos tienen una oportunidad mejor para ingresar a Estados Unidos cuando argumentan temor por su vida o su integridad, ofrecen su talento para insertarse en el aparato productivo o buscan la reunificación familiar; mientras, hondureños, salvadoreños, guatemaltecos, haitianos o mexicanos tienen un muy reducido porcentaje de probabilidad de recibir una aprobación de asilo y cuentan con poquísimas vías para ingresar legalmente al país por otros motivos. Los vaivenes en las alianzas económicas, comerciales, ideológicas e incluso bélicas, así como las filias y las fobias políticas de las naciones y sus relaciones entre sí, determinan quién merece ser protegido y quién no. Ante la realidad geopolítica, la posibilidad de salvar la vida se convierte en una mera casualidad: más que el triunfo de la solidaridad, presenciamos el triunfo de la geografía. En cuestiones de asilo, geografía es destino.

Pero los criterios de exclusión en materia de refugio y migración no datan de hace poco tiempo, ni se aplican exclusivamente en los procesos recientes. Hace más de treinta años, cuando en 1986 tuvo lugar la última reforma migratoria integral en Estados Unidos, la implementación de la legislación estableció en sus criterios de regularización que los beneficiarios serían quienes hubieran llegado al país antes del 1 de enero de 1982 y pudieran probarlo. Con esa medida, el gobierno estadounidense hizo un corte de caja que dejó fuera del marco legal a gran número de inmigrantes centroamericanos que habían llegado en meses o años recientes huyendo de la violencia en sus países. De los entre quinientos mil y ochocientos cincuenta mil salvadoreños que había en Estados Unidos en 1986, sólo ciento cuarenta y seis mil llevaban más de cuatro años en el país.[17]

Unos meses más tarde, las organizaciones activistas decidieron corregir el asunto a través de una demanda, conocida como Lawsuit ABC o Demanda Judicial ABC (American Baptist Churches v. Thornburgh). En 1990, y a través de un lento proceso que para algunos duró años, se reabrieron miles de casos de asilo político, dando una nueva oportunidad de residencia legal a salvadoreños y guatemaltecos. Entre otras cosas, el Immigration Act de 1990, también conocido como Immact 1990, creó el Temporary Protected Status, TPS

---

[17] Sarah Gammage, "El Salvador: Despite end to civil war, immigration continues", *Migration Information Source*, July 2007, citado por Aviva Chomsky, *op. cit.*, 2014.

(Estatus de Protección Temporal), que otorga un permiso de trabajo a los inmigrantes provenientes de países afectados por la guerra o por desastres naturales, con una vigencia de dieciocho meses y con opción de renovación.

El TPS para los salvadoreños fue extendido en varias ocasiones, pero dejó de otorgarse cuando en 1995 se firmó el acuerdo de paz que puso fin a la guerra. Para ese momento había cerca de un millón de salvadoreños en Estados Unidos; la mitad eran inmigrantes en situación legal, y entre noventa mil y ciento noventa mil contaban con el TPS.[18] En los años que siguieron al fin del TPS, muchos salvadoreños retomaron su proceso de asilo en pausa, pero para entonces el cuello de botella en las cortes de inmigración era enorme. Inició para ellos un periodo de llenado de papeles, trámites burocráticos, tiempos de espera larguísimos para procesar sus solicitudes y una vida diaria marcada por la amenaza de deportación. En 2001, el Immigration and Naturalization Service (INS) estimó que podía tomar hasta veinte años procesar las cerca de doscientas mil solicitudes pendientes para centroamericanos.[19]

Entre 1999 y 2003, la tasa de aprobación para solicitantes de asilo salvadoreños y guatemaltecos oscilaba entre 7 y 11%, cifras similares a la muy baja tasa que durante los ochenta dio origen a la Demanda Judicial ABC. Finalmente, tras los terremotos de 2001 en El Salvador y de 2011 en Haití, los inmigrantes indocumentados de esos países tuvieron un respiro con la emisión de un nuevo TPS. Pero la experiencia de los años previos dejó su lección: el poseedor del permiso temporal no tiene nada seguro, ni una posibilidad de residencia permanente, ni una opción para lograr la ciudadanía. La medida que hoy representa un alivio puede ser fácilmente rescindida en cualquier

---

[18] Immigration and Naturalization Service (INS, Servicio de Inmigración y Naturalización).

[19] En 1997 el Nicaraguan Adjustment and Central America Relief Act (NACARA) fue un intento de resolver el cuello de botella en los casos de asilo ofreciendo residencia permanente a ciertos solicitantes originarios de la región. Pero NACARA también dejó a los guatemaltecos y a los salvadoreños en el limbo: nicaragüenses y cubanos aceleraban su proceso mientras los dos primeros continuaban en la fila de espera.

momento, y volver así a asfixiar a miles de inmigrantes que ya han construido su vida en Estados Unidos.[20]

En su libro *Undocumented: How immigration became illegal,*[21] Aviva Chomsky describe esa situación: "Las revisiones de la ley de inmigración han seguido un patrón de crear nuevas formas para castigar la ilegalidad, mientras de manera concomitante se crean en ocasiones inesperadas y aparentemente arbitrarias nuevos caminos para la legalización". Palo y zanahoria para los inmigrantes marcados por una geografía poco afortunada.

Desde su fundación, Estados Unidos se ha presentado ante el mundo como una nación justa y generosa que abre sus brazos a quien llega a su suelo en busca de libertad y prosperidad. Sin embargo, hasta antes de la Segunda Guerra Mundial las leyes del país no contaban con ningún marco legal bajo el cual quienes aspiraran al asilo pudieran buscarlo. Tras el final del conflicto armado, cuando la normatividad sobre el tema fue más o menos homologada a nivel internacional, sus leyes

---

[20] Una medida más de ese tipo, el paliativo que da un respiro pero no saca a flote de una buena vez, fue anunciada en junio de 2012 por Barack Obama ante la falta de consenso en el Congreso, con mayoría republicana, para aprobar la ley Development, Relief and Education for Alien Minors Act (DREAM Act), que habría permitido la regularización del estatus migratorio de casi dos millones de jóvenes indocumentados que llegaron a Estados Unidos siendo menores de edad. La medida es conocida como Deferred Action for Childhood Arrivals (DACA). Mediante una acción ejecutiva, facultad con la que cuenta el presidente estadounidense para impulsar medidas de emergencia sin necesidad de que sean aprobadas por el Congreso, Obama anunció la creación del DACA, que, bajo criterios muy similares a los del DREAM Act, otorga a ciertos jóvenes protección temporal con vigencia de dos años durante los cuales los beneficiarios pueden recibir documentos temporales, incluido un permiso de trabajo. Pero, al igual que con el TPS, los beneficiarios no cuentan con la opción de lograr una residencia permanente ni con un camino a la ciudadanía. Durante la administración Trump, la revocación de ambos programas ha sido una amenaza utilizada para la negociación política con el Congreso.

[21] Boston, Beacon Press, 2014.

han garantizado derechos como refugiados a ciertos individuos, pero en general eso ha ocurrido bajo criterios que tienen que ver con alianzas económicas, comerciales o políticas, gravitando a cierta distancia de los derechos civiles o humanos. A partir de 1945 han sido aceptados en Estados Unidos tres millones de refugiados, pero la mayoría de ellos han llegado sólo de tres países: Cuba, Vietnam y la antigua Unión Soviética. En Estados Unidos, "refugio" casi siempre ha significado "refugio del comunismo".[22,23]

Existen varios episodios que ilustran la política de Estados Unidos respecto a quienes llegan a tocar sus puertas en busca de refugio. Durante la década de los treinta, por ejemplo, el presidente Franklin D. Roosevelt apeló a un sistema de cuota establecida, vigente en ese tiempo, para argumentar su rechazo a recibir en el país a quienes huían de la Alemania nazi. Cuando la guerra terminó, los Aliados tuvieron que pensar en una alternativa para los más de un millón de personas desplazadas de las zonas ocupadas. Estados Unidos creó, entonces, el Displaced Persons Act, DPA (Ley de Personas Desplazadas), que establecía que serían admitidos doscientos cinco mil refugiados entre 1948 y 1950. Después de ese año se acogió a cerca de ochenta mil judíos, a través de una enmienda a la ley, pero más de 70% eran refugiados de la Unión Soviética o de Europa del Este.[24]

Un poco más tarde, tras la Revolución Cubana de 1959, la oficina del procurador general estadounidense hizo uso de su prerrogativa para dar libertad condicional a miles de cubanos que habían abandonado la isla. Mediante el Cuban Adjustment Act (Ley de Ajuste Cubano) de 1966, se creó una situación legal especial para esa población, de manera que cualquier cubano que hubiera estado presente en Estados Unidos por un periodo de un año podría tener residencia permanente inmediata. Además, diversos programas de asistencia

---

[22] David W. Haines, *Refugees in America in the 1990s: A reference handbook*, Connecticut, Greenwood Press, 1996.

[23] Aviva Chomsky, *"They take our jobs!": And 20 other myths about immigration*, Boston, Beacon Press, 2007.

[24] *Idem.*

federal hicieron más fácil el asentamiento de la comunidad cubana en Estados Unidos.[25]

Esa política de brazos abiertos para los cubanos contrasta con las normas impuestas a los refugiados de la vecina isla de Haití. Durante la década de los setenta, miles de haitianos huyeron de su país como consecuencia de la represión del dictador Françoise Duvalier. Al igual que como ocurrió con los cubanos, muchos salieron en pequeñas balsas, en botes hechos con los materiales que tenían a mano; emprendieron la travesía, y llegaron a Estados Unidos en busca de asilo. Naturalmente, los casos se empezaron a acumular y el gobierno creó el programa haitiano para atender los entre seis y siete mil casos pendientes de resolución que el INS en Miami había acumulado hacia mediados de 1978.[26] Pero la cantidad de casos pendientes no fue resultado de una incapacidad de atención, sino de una política de "goteo" para ir procesando a los ciudadanos haitianos. Después de todo, Duvalier era un aliado de Estados Unidos. Como había ocurrido durante las décadas anteriores con otros países, habría sido contradictorio admitir que su gobierno estaba creando refugiados políticos.

En julio de ese año, la división de inteligencia del INS estableció que los refugiados haitianos deberían ser considerados refugiados "económicos", no políticos, con lo cual se reducían notablemente sus posibilidades de calificar para el asilo político. Para desalentar la inmigración en el futuro, el INS recomendó que los haitianos fueran detenidos a su arribo, que no se les otorgaran permisos de trabajo mientras corrían sus procesos —en el caso de aquellos a los que les fueron iniciados— y que fueran procesados y expulsados tan pronto como fuera posible. Lo que siguió fue un desastre: bajo el nuevo programa se iniciaron entrevistas diarias con los solicitantes a un ritmo de cuarenta al día, realizadas por oficiales no entrenados en el tema

[25] Como se refirió anteriormente, esa medida fue derogada a principios de 2017, unos días antes de que Barack Obama dejara el cargo como presidente de Estados Unidos.
[26] Bill Ong Hing, *Defining America through immigration policy*, Philadelphia, Temple University Press, 2004.

de asilo político. Cerca de cuatro mil solicitudes fueron procesadas, y cada una fue negada. Cada una. Ni uno solo recibió asilo político.

Fue hasta que se emitió el Refugee Act (Ley de Refugio) en 1980 que Estados Unidos finalmente creó una política de refugio y asilo que, de acuerdo con los estándares de la Organización de las Naciones Unidas, trataría de igual manera a toda persona que enfrentara persecución política —aun cuando había firmado esa convención en 1951 y el protocolo que define a los refugiados en 1967, por décadas su propia política se rigió con los criterios de la Guerra Fría, y así otorgó refugio y asilo sólo a quienes provenían de países comunistas). Casi de inmediato, la nueva política fue puesta a prueba con el agravamiento de la crisis de refugiados haitianos y la llegada de miles de refugiados cubanos a las costas del sur de Florida como consecuencia del anuncio realizado por el presidente cubano Fidel Castro para levantar la restricción de migración por mar. Entre abril y septiembre de 1980, cerca de ciento veinticinco mil cubanos salieron de la isla, en lo que se conoció como el Éxodo de Mariel, nombre del pueblo del que muchos zarparon. Siendo consistente con la política de asilo implementada hasta el momento, la administración de Jimmy Carter aceptó a los "marielitos" como refugiados políticos, mientras que a los haitianos que escapaban de la violencia de Duvalier durante los mismos meses les fue negado el estatus de refugiados con el argumento de que salían del país por carencias económicas.[27] Para un país capitalista como Haití, Estados Unidos aplicaba un criterio basado en la idea de que la pobreza era un problema exclusivamente económico, no político. Aun los haitianos que enfrentaban persecución política explícita eran clasificados como refugiados económicos. Durante esos meses, pocos medios registraron la muerte de haitianos que naufragaron antes de llegar a las costas de Florida.

En septiembre de 1981 el presidente Ronald Reagan declaró que los inmigrantes haitianos representaban un "problema nacional serio en detrimento de los intereses de Estados Unidos". Mediante un acuerdo negociado con el gobierno de Duvalier, obtuvo la anuencia

---

[27] Aviva Chomsky, *op cit.*, 2014.

de éste para que la United States Coast Guard bloqueara la llegada de embarcaciones con inmigrantes a territorio estadounidense patrullando las aguas marítimas haitianas para detener y regresar las naves antes de que pudieran avanzar más. Éste fue el primer acuerdo de su tipo en el mundo. Para finales de 1990, veintitrés mil haitianos habían sido detenidos en el mar. El asilo les fue otorgado sólo a ocho.

Existe el registro de un caso particularmente ilustrativo de esa política de segregación, ocurrido un año después, en 1991. A mitad de su travesía, una embarcación con refugiados haitianos que buscaban llegar a territorio estadounidense se detuvo para rescatar a algunos cubanos cuya barca había naufragado. Cuando la Coast Guard los interceptó, la embarcación haitiana fue regresada a Haití con todos sus pasajeros... y los cubanos fueron llevados a Florida.

En 1994 hubo un segundo éxodo masivo de Cuba tras la crisis de energía eléctrica, que coincidió con el éxodo provocado por el golpe militar al gobierno de Jean-Bertrand Aristide en Haití en 1991. Dado que miles morían en el mar, un juez federal ordenó al entonces presidente George H.W. Bush que suspendiera su política de repatriación de haitianos. Fue ésa la época en la que las embarcaciones interceptadas eran llevadas a la base naval de Guantánamo en Cuba. Para finales de 1994, cincuenta mil refugiados se encontraban en el lugar, a un costo que iba entre quinientos mil y un millón de dólares al día. Entonces, a finales de ese año se inició un proceso de repatriación masiva; tres cuartas partes de los haitianos regresaron a su país "voluntariamente", incluidos los menores de edad que viajaban solos. Un año más tarde, en 1995, los veinte mil cubanos que quedaban en Guantánamo fueron recibidos en Estados Unidos y fue anunciada la política "Pies mojados, pies secos".

Un caso más que constituye un ejemplo sobre el criterio sesgado en la aplicación de las leyes de asilo en Estados Unidos es el de los refugiados de Centroamérica en los años ochenta, también marcado con un sello político. Tras la victoria sandinista en Nicaragua en 1979, los gobiernos de derecha de El Salvador y Guatemala incrementaron sus campañas contra las guerrillas de izquierda y sus supuestos simpatizantes entre la población civil. La represión contra grupos religiosos y activistas desarmados marcó el final de la década. En Guatemala, cientos de villas indígenas fueron destruidas en lo que hoy abiertamente es aceptado como genocidio, y millones de personas fueron desplazadas internamente. Durante la siguiente década, un millón de salvadoreños y guatemaltecos buscaron refugio en Estados Unidos.

Dado que Estados Unidos se oponía al gobierno revolucionario de Nicaragua y apoyaba los gobiernos de derecha de El Salvador y Guatemala, su respuesta para los refugiados de los tres países fue diferente. Entre 1984 y 1990, cuarenta y cinco mil salvadoreños, cuarenta y ocho mil nicaragüenses y nueve mil quinientos guatemaltecos solicitaron asilo. 26% de las solicitudes de nicaragüenses fueron aprobadas, mientras que sólo 2.6% de las solicitudes de salvadoreños y 1.8% de guatemaltecos recibieron el visto bueno.[28] En el mismo periodo, los solicitantes de países que el gobierno de Estados Unidos consideraba enemigos fueron aceptados en tasas mayores: para los sirios, fue de 73%; para los chinos, de 52%.[29] Muchos refugiados centroamericanos fueron arrestados en la frontera y regresados a México sin siquiera tener oportunidad de presentar su solicitud de asilo.

Esa política, sumada a la prevaleciente situación en Centroamérica, despertó una importante red de solidaridad en Estados Unidos, incluido el Movimiento Santuario, para dar refugio y ayuda a miles de personas que huyeron de la violencia durante los años ochenta. Algunas organizaciones creadas por los propios refugiados, como el Central American Refugee Center (Carecen, que años más tarde cambiaría su nombre a Central American Resource Center), fundada en 1983, y otras, fueron las primeras en cuestionar ante la esfera pública la violación a los derechos de los migrantes indocumentados. También, en ese punto, se hizo énfasis en el hecho de que la intervención de Estados Unidos se encontraba entre las razones de la violencia que provocó el éxodo desde Centroamérica —la consigna "We're coming here because you were there"—. Los activistas

---

[28] Michael McBride, "Migrants and Asylum Seekers: Policy Responses in the United States to Immigrants and Refugees from Central America and the Caribbean", *International Migration*, 37, no. 1, March 1999.

[29] Bill Ong Hing, *op cit.*

pedían terminar con el apoyo militar a los Contras nicaragüenses y a los gobiernos de El Salvador y Guatemala. Es en este contexto que se da la Demanda Judicial ABC.

Las reformas de inmigración de 1996 establecieron nuevos obstáculos para los solicitantes de asilo, obstáculos entre los cuales estaba la facultad de cualquier agente de inmigración para negarles la oportunidad de presentar su caso ante un juez, o bien, para ponerlos en detención mientras su caso era investigado. Esas normas han sido efectivas para todos, con excepción de los cubanos hasta enero de 2017: durante veintidós años a los solicitantes de asilo provenientes de Cuba no se les pidió ninguna prueba de miedo creíble; sólo tenían que llegar, llamar a la puerta y decir que querían entrar.

PERDER LA LIBERTAD PARA SALVAR LA VIDA

EL SONIDO GANGOSO de un timbre indica que puedo empujar la puerta y entrar. Después de cruzar seis umbrales, finalmente he llegado al área de visitas. Recorro el lugar con la vista, un salón con forma de caja de zapatos, y descubro a Yamil sentado al fondo. El uniforme, una pijama color caqui, lo hace ver aún más delgado; el pelo corto, a ras de cráneo, resalta sus ojos vivaces, como dos capulines. Nunca nos habíamos visto, pero en cuanto cruzamos la mirada nos reconocemos. Entre los niños que se cuelgan del cuello de su papá, la chica que se lanza a los brazos del novio y los tres jóvenes que besan por turnos la mejilla de una prima jovencita, aquellos que se saludan sólo con los ojos son la excepción. Yamil se pone de pie y me sonríe; estrechamos las manos y nos sentamos a conversar. Una mujer uniformada lanza un ultimátum: cincuenta minutos.

La de hoy es la primera visita que recibe Yamil desde hace dieciséis meses, cuando llegó al Eloy Immigration Detention Center (Centro de Detención de Inmigrantes de Eloy), en Arizona. Unas semanas después de su ingreso vinieron su esposa y su hijo, pero debido a la distancia —viven en Kansas— y a su situación económica, les ha sido difícil regresar. Así que para Yamil no hay niños que se cuelgan del cuello, ni abrazos efusivos, ni besos en la mejilla, ni espera impaciente del sábado. Y, a pesar de ello, ese hombre de cuarenta y cuatro años originario de Durango se encuentra en este lugar por su propia voluntad.

¿Qué hace que alguien prefiera pasar más de un año en una celda compartida de una prisión estadounidense que vivir en México en libertad? "La esperanza", me responde sin titubeos. "Darle una vida mejor a mi familia, a mi hijo. O una vida, así nada más. Allá en cualquier momento algo iba a pasar." El 26 de enero de 2012 Yamil fue víctima de secuestro en Torreón, la ciudad en la que vivía, a manos de policías municipales. Tras pagar un rescate y perder su negocio, aún sufrió un asalto a mano armada y una golpiza a su hijo. Un año más tarde, Yamil y su esposa, Claudia, tomaron la decisión: se tenían que ir del país. Dejaron lo poco que les quedaba. Primero Claudia, y unas semanas después él, cruzaron la línea que separa México de Estados Unidos para entregarse a las autoridades migratorias estadounidenses en la garita de Nogales, y presentaron una solicitud de asilo. Eso fue en 2013.

Cinco puertas y un arco de metal separan a Yamil de la vida allá afuera. A eso se sumarán otras cuatro puertas una vez que regrese al pabellón donde se encuentra su celda. Y aun así, dice, está listo para resistir aquí dentro el tiempo que sea necesario. "Se acostumbra uno. A todo se acostumbra uno aquí dentro. Aprendes a ver las cosas de otra manera, a ser tolerante con la gente, a ser paciente. Yo estoy bien", me asegura, y sonríe. El rostro completo cambia con la sonrisa. Los ojos adquieren un brillo nuevo; las arrugas que los enmarcan le dan un aire cálido y sereno. Yamil tiene la sonrisa tranquila de quien confía en su espera.

——

Eloy está en el centro de la nada. Los ciento ochenta y seis kilómetros que separan Phoenix de Tucson, las dos ciudades más importantes del estado de Arizona, son puro cielo y desierto. A medio camino se encuentra Eloy. A veces aparece una montaña salpicada de saguaros que ayuda a sentir que uno avanza mientras maneja por la interminable Autopista 10, la arteria que atraviesa Estados Unidos —El Paso, Fabens— y conecta el Océano Pacífico, en California, con el Atlántico, en Florida. Las huellas más visibles en el camino son las que van dejando los letreros de McDonald's y Burger King, y de las gasolineras Love, burdas muescas sobre el terreno agreste que aparecen cada diez, cada veinte kilómetros.

Es el tercer sábado de febrero y el viento trae consigo tumbleweeds, esas bolas de ramas secas que avanzan con parsimonia hacia ningún lado. Ese mismo viento hace que las cajas de los tráileres se bamboleen mientras sus conductores, manejando a exceso de velocidad, escuchan en la radio música country o La Campesina, la estación que transmite corridos y baladas norteñas que acá se conocen como el género "regional mexicano".

El letrero que anuncia la salida de Casa Grande es la señal. Una vuelta a la izquierda me coloca sobre un camino apenas pavimentado, cubierto del polvo arenisco que suelta este terreno reseco, antigua residencia de las tribus de indios Akimel y Pee-Posh. Hoy los indios viven en la reserva del Río Gila, y por estos caminos sólo circulan dos tipos de personas: los habitantes de los ranchos aislados de la zona y quienes van al conglomerado de cemento y hormigón plantado groseramente en el corazón del desierto: tres centros correccionales y un centro de detención de inmigrantes llamado Eloy. Rodeados por la nada, estos cuatro edificios mantienen en latencia más de cinco mil vidas contenidas por muros de alambre y electricidad.

Eloy es uno de los seis centros de detención de Arizona que son operados por la empresa privada que entonces se llamaba Corrections Corporation of America (CCA), la misma que administra la mayor parte de las prisiones concesionadas en Estados Unidos.[30] Eloy cuenta con mil quinientas noventa y seis camas y es habitado por hombres y mujeres acusados de estar de este lado de la frontera sin un papel. Desde hace treinta años, la CCA —que a partir de octubre de 2016 cambió su nombre a CoreCivic— recibe ganancias millonarias por administrar detenidos mientras éstos esperan la resolución de su caso ante un juez. El de Yamil es uno de esos casos.

Cuando llegó a Eloy, Yamil sabía lo que le esperaba. Siete semanas antes, Claudia había estado en el mismo lugar. La historia me la cuentan a dos voces: Claudia por teléfono desde Kansas, a donde

[30] En octubre de 2016, CCA cambió su nombre por CoreCivic. La visita que narro en este apartado fue realizada en febrero de 2015, razón por la que conservo la referencia a CCA.

volvió tras lograr que un juez la pusiera en libertad bajo palabra mientras se resuelve su caso de asilo, y Yamil desde el área de visitas de Eloy. Cada uno me comparte detalles de su vida en común, recuerdos a los que se aferran durante estos meses en que no se pueden ver.

La familia de Claudia, originaria de Tijuana, llegó a Durango cuando ella tenía diez años de edad. Ahí vivieron hasta sus trece, cuando el asesinato de su padre obligó a la familia a salir de México. Claudia, sus tres hermanas y su madre reiniciaron su vida en Wichita, Kansas. Por una casualidad de esas que algunos llaman destino, más tarde Yamil migraría a esa ciudad, también proveniente de Durango; originario de ese estado, a sus diecinueve años decidió irse para el otro lado. Yamil y Claudia se conocieron en un baile en Wichita en septiembre de 1998; cuatro meses más tarde se casaron y su hijo nació en el año 2000.

La vida que construyeron juntos —Claudia daba clases y cuidaba de su hijo; Yamil trabajaba como pintor y jugaba futbol en una liga semiprofesional— terminó de golpe en 2005. Un día que regresaba a casa manejando, Yamil fue detenido por una infracción de tránsito. Al pedirle su identificación, las autoridades descubrieron que el documento era falso. Aunque su hijo es ciudadano estadounidense, ninguno de los dos había podido regularizar su estatus migratorio, y Yamil fue deportado. Entonces, Claudia enfrentó una disyuntiva: o se quedaba en Wichita, en su casa y con su hijo, o se iban a México para estar los tres juntos. En 2006 llegaron a vivir a Torreón, donde se encontraba la familia de Yamil.

El proceso de adaptación que unos años atrás enfrentaron ambos como jóvenes recién llegados a Estados Unidos se repitió esta vez por partida doble. Claudia y su esposo trataron de integrarse a una realidad que ya no era suya, y su hijo, a un mundo completamente desconocido. El niño empezó a tener problemas en la escuela y se volvió víctima de las bromas y humillaciones de sus compañeros por ser estadounidense. Claudia y Yamil no conseguían empleo, y la violencia que marcó el sexenio de Felipe Calderón empezaba a azotar la región. Las balaceras y los asesinatos se convirtieron en su realidad cotidiana: un día, Claudia vio desde lejos que algo colgaba de un puente: eran dos cadáveres. Su hijo iba con ella. A eso siguieron los casos de extorsión.

Y un día les tocó a ellos. "No lo olvido, fue el 26 de enero de 2012, el día del cumpleaños de mi hijo", relata Claudia con rabia. Mi primer contacto con ella fue a través de redes sociales, pero la historia completa me la cuenta en una llamada telefónica desde Kansas. "Estábamos en una situación económica muy apretada. Yo daba clases en la universidad nocturna y Yamil puso un local de hamburguesas. Apenas tenía unas semanas que había abierto, un localito muy sencillo, y teníamos poco tiempo con una camioneta; no era nueva, pero era muy económica. De repente llegaron dos hombres y preguntaron de quién era la camioneta; mi esposo dijo que de él, y le dijeron que se la iban a llevar porque tenía reporte de robo. Yo les dije que teníamos los papeles y se los podíamos enseñar, pero me dijeron que no, que se llevaban a Yamil y que me callara porque si no me llevarían a mí también."

Horas más tarde, la familia recibió una llamada pidiendo dinero a cambio de la libertad de Yamil. Una prima prestó el dinero y él pudo volver a casa. Pero semanas después, otros dos sujetos lo detuvieron mientras iba manejando y le pidieron dinero para dejarlo ir. Hasta que un día, pistola en mano, le quitaron el vehículo. "Después de eso pasaron tres días checando el negocio", continúa a su vez Yamil, los brazos recargados sobre la mesa de la sala de visitas de Eloy. Llevamos media hora conversando, y llegar a ese punto de la historia es lo único que logra alterar un poco el brillo de su mirada. No me parece que sienta rencor, pero es claro que no olvida. "Tuve que cerrarlo."

Unos meses después, el matrimonio fue al ministerio público a presentar una denuncia debido a que su hijo, en un caso extremo de bullying, había recibido una paliza por otros seis niños, quienes lo insultaban diciéndole "gringo" y "pocho". Mientras rendía su testimonio, Yamil reconoció a uno de los policías en el lugar: era uno de los individuos que se llevó su camioneta. ¿Cómo se puede denunciar un delito a la autoridad si es la propia autoridad la que comete el delito?

En julio de 2013, Claudia se sumó a un grupo de jóvenes que, como ella, habían crecido en Estados Unidos, regresado a México por alguna razón y ahora deseaban volver al que consideraban su país. Se entregaron en la garita estadounidense y pidieron asilo político. Unas semanas más tarde, Yamil hizo lo mismo con otro grupo. Dado que es prerrogativa de un juez decidir si otorga la libertad bajo palabra a los solicitantes de asilo, los resultados en cada caso varían: Claudia la recibió, pero Yamil no. Y aunque en cualquier momento podría firmar una salida voluntaria para volver a México, Yamil sigue aquí.

Yamil clava sus ojos brillantes en los míos. Hace silencios largos entre las frases, pero no retira la mirada. No son silencios incómodos y tampoco lo es la mirada: es el gesto de quien dice una verdad que, si no fuera tan dolorosa, parecería de Perogrullo. "Vale la pena por mi hijo. Él ahorita me extraña, pero vive tranquilo. En México no podíamos vivir."

—

El Centro de Detención de Inmigrantes de Eloy está rodeado por tres capas de reja electrificada coronada por alambre de púas. Un camino de terracería conduce a un estacionamiento retirado de la entrada. Cuando bajo del auto, camino por el suelo cubierto de guijarros sintiéndome vulnerable sin los objetos que usualmente me acompañan. Al Centro de Detención no puedo ingresar con bolso, teléfono celular, llaves, dinero ni anteojos oscuros. Al Centro de Detención no puedo entrar portando cinturón, joyería, abrigos ni ropa escotada. Al Centro de Detención no puedo decirle cárcel, ni prisión, ni correccional, ni penal: quienes están dentro no han sido juzgados ni tienen sentencia y, por tanto, por ley, y en teoría, no pueden estar detenidos en las condiciones de una prisión.

Cruzo un primer umbral, enmarcado por la cerca con iconos de alto voltaje. Me paro frente a una puerta rotunda de metal grisazuloso, que después de un rato y con otro timbre gangoso, se abre pesadamente. Sólo cuando se ha cerrado, y después de algunos segundos —a la Maxwell Smart—, se abre la siguiente. Una tercera puerta tiene que ser franqueada para finalmente ingresar en el edificio. Al fondo se alcanza a ver el área de dormitorios: es sábado y, en pequeños grupos, a paso constante, salen quienes saben que hoy los vendrán a visitar.

La sala de espera es un polígono irregular sin sillas ni mesas ni adornos ni comodidad: un espacio que aglutina a diez, veinte, treinta personas que vacían sus datos en una forma y esperan soporíferamente su turno para ingresar. Un hombre reparte fichas con un número. El horario de visita comienza a las ocho de la mañana; son las 8:40 am y me toca la ficha 52.

En cuanto entro, me sorprende ver a tantos niños. Vestidos como si fueran a una fiesta —las camisas a cuadros y el pantalón de vestir; los vestidos vaporosos, el pelo acomodado en coletas y rizos—, los niños intentan serlo en un sitio en el que no hay espacio para juegos. Hablan entre ellos en inglés, pero los adultos que los acompañan hablan en español, el idioma que domina las visitas.

Un hombre se me acerca y me pide ayuda para llenar la forma. En el espacio reservado para "nombre del interno", escribe el de su hermano. En el espacio para "nombre del visitante", escribe el suyo. En el espacio para "nombre del acompañante", escribe el mismo nombre que escribió arriba. "Es mi sobrino, el hijo de mi hermano. Tiene cuatro años. Viene a ver a su papá. Se llaman igual."

Pasan los minutos y los números no avanzan, así que a fuerza de espacio compartido empezamos a conversar unos con otros. Janet, la mujer que tiene la ficha número 59, llegó hace unas horas de Dallas, Texas, acompañada de su hija de trece años. Ayer recibieron una llamada: su madre, que venía cruzando sin documentos por Tijuana, fue detenida y traída a este sitio. Janet no habla inglés, no entiende lo que dice la forma que debe llenar, y aunque por ley deben proporcionarle un intérprete si lo solicita, no se atreve a molestar: por eso la hija viajó con ella, para que traduzca y use la computadora. Porque al rato, le dijeron, tendrán que buscar un abogado.

Del otro lado está Juan Carlos, quien salió a las tres de la mañana de San Diego para llegar a las ocho de la mañana a Eloy. Viene a ver a su sobrina. "La traemos a ella para que vea a su mamá", explica, y señala hacia abajo. Una niña de pelo azabache y vestido blanco con celeste me sonríe con sus siete años de edad. "Es la hija de mi sobrina." La sobrina, me cuenta, lleva cinco meses en detención.

La CCA, hoy CoreCivic, recibe cada año ingresos por mil setecientos millones de dólares para la operación de prisiones y centros de detención. Sin embargo, en Eloy todo se cobra. Al área de visitas no se puede entrar con dinero, pero hay máquinas expendedoras de comida empacada. El visitante puede comprar en la entrada una tarjeta que cuesta cinco dólares. Ésta no tiene crédito alguno; para comprar algo, hay que depositarle dinero. Juan Carlos pide ayuda para obtener una; su sobrina llamó ayer a casa y le pidió que llevara dinero para comprarle un burrito de la máquina. "¿Se imagina lo que han de estar comiendo para que quiera uno de esos burritos rancios?", me pregunta sin esperar respuesta.

Tres horas más tarde, y tras pasar por un detector de metales, los visitantes llegan a otra sala de espera. Ahí, un empleado gritará el nombre del interno y, dos puertas más tarde, llegará uno al área de visitas.

Yamil me invita a sentarme con él en una de las mesas. Me advierte que no nos podemos sentar uno junto al otro, sino frente a frente. Sólo los menores de dieciocho años se pueden sentar cerca de los internos. Apenas nos sentamos y, en un movimiento rapidísimo, como de película, saca algo de no sé dónde y lo coloca sobre la mesa. Con la mirada me dice que lo agarre. Lo tomo, también en un movimiento rápido, y lo veo: es un anillo tejido con finas tiritas extraídas de las envolturas de galletas y frituras que venden en las maquinitas del lugar. Las líneas del tejido, blancas y rosas, forman mi nombre. Me explica que son las cosas que uno aprende a hacer cuando está aquí.

Yamil me cuenta fragmentos de su vida. Por momentos se muestra tranquilo; en otros, trata de hacerse el fuerte. Ha bajado de peso desde que está detenido, pero dice que está en excelente condición física. Me describe la rutina de un día normal: se levanta, juega futbol —su gran pasión—, se baña, se sienta a jugar ajedrez o dominó; a veces ayuda en la biblioteca a administrar los préstamos de libros; a veces ayuda en la cocina. La rutina sólo cambia si se es castigado. Entonces los internos son llevados a "el hoyo", un sitio de confinamiento solitario, sin ventanas, del cual salen, esposados, media hora al día. En una ocasión, cuenta, otro interno intentó pelear con él y Yamil fue culpado. Permaneció en "el hoyo" quince días. "Pero no estuvo tan mal. Está oscuro y hace mucho frío, pero así no tiene uno que ver a nadie."

Yamil se preocupa por su caso legal. Otros detenidos han salido bajo palabra, pero la abogada que lleva su caso no está optimista, asegura. Aun así, intenta no desesperar. Un mes más tarde será la primera de una serie de comparecencias ante el juez por las que tendrá que pasar. Ese día, Claudia y su hijo vendrán a acompañarlo; me lo cuenta con la misma emoción pueril con la que durante mi visita me ha narrado episodios de su vida familiar: la ocasión en que, siendo novios, Claudia y él se quedaron atrapados en un auto por la lluvia; la vez que Claudia y su hijo lo acompañaron en un viaje por varios estados de Estados Unidos cuando jugaba futbol. Mientras platica levanta las cejas un poquito, agita las manos, sonríe mucho. Sólo cuando llega al recuerdo de su última Navidad se detiene, y un nudo en la garganta le impide avanzar. Pasan dos minutos, que resultan eternos. "¿Pero sabe qué? Siempre pienso que ya pronto voy a verlos. Cuando hablo con ellos sé que estamos haciendo lo correcto. Mi hijo me dice que me extraña y yo le digo que le eche ganas. Ya está jugando futbol en la escuela. Van a tener un torneo, y él es el capitán del equipo", me dice, henchido de orgullo. "Y a Claudia la siento tranquila. Apenas le mandé una foto mía reciente, para que vea que estoy bien, que estoy en forma. Para que vaya valorando", y suelta una risa traviesa.

El atardecer en esta región del desierto de Arizona trae consigo una paradoja. Cuando cae la tarde, el crepúsculo derrama una gama de anaranjados-magentas-violetas que juegan a los relieves con las nubes y rebotan en el manto dorado de tierra, un festín de sol y libertad. Pero desde los edificios de Eloy, en el confinamiento que dura días, y semanas, y meses, los detenidos apenas pueden asomarse por los angostos ventanales de fibra de vidrio trasparente que dan al poniente.

En Eloy, la abrumadora libertad del sueño americano se cuela apenas por una rendija.

———

El asunto de los abogados para quienes se encuentran en un centro de detención de inmigrantes es crucial. Uno de los problemas que enfrenta ese sistema es que las cortes de inmigración son una entidad separada del sistema de justicia criminal. Son cortes administrativas, de manera que la estructura legal, e incluso ética, diseñada para proteger y garantizar un proceso justo a quienes son acusados por haber cometido un crimen, no es aplicable en esos casos —a menos que el individuo, además de enfrentar su proceso de inmigración, haya recibido también un cargo criminal—. En el sistema de detención de inmigración los individuos tienen menos derechos, y menos recursos para hacer valer los derechos que sí tienen.

Un ejemplo es la defensa legal. Los inmigrantes tienen derecho a ser representados por un abogado, pero no a que éste sea financiado por el Estado. Muchos detenidos no saben que tienen derecho a representación legal, o lo saben pero no saben cómo obtenerla o no pueden pagar por ella. El resultado: 84% de quienes enfrentan un proceso de deportación lo hacen sin contar un con un abogado que los represente, y sólo 3% de ellos logran permanecer en el país.[31]

Ese tejido de deficiencias que facilitan el abuso provoca que algunos inmigrantes que con representación legal probablemente podrían ganar su caso en la corte opten por mejor salir voluntariamente del país para no arriesgarse a "ensuciar" su nombre con una deportación. Consideran que eso, mantener su nombre "limpio" en el récord de la autoridad migratoria, les permitirá entrar de manera legal alguna vez en el futuro, ya que tras un proceso de deportación Estado Unidos impone un "castigo" que impide al individuo regresar al país de manera legal por diez años. Muchos de quienes se encuentran detenidos no tienen conocimiento de que existen mecanismos legales que les permitirían quedarse en el país —y dado que no tienen asesoría legal, no tienen forma de saberlo—. Algunos eligen la salida voluntaria para escapar de una detención prolongada, aun si están convencidos de que tienen argumentos para quedarse y que pueden sustentar su caso si obtienen una audiencia final. Y a diferencia de los individuos que son detenidos con cargos criminales, los inmigrantes rara vez son elegibles para ser liberados bajo fianza. Los procedimientos de deportación para aquellos que rechazan la salida voluntaria son con frecuencia muy largos, y durante ese tiempo los solicitantes permanecen en detención. Un estudio de Amnistía Internacional

---

[31] En abril de 2017 el estado de Nueva York fue el primero en establecer un presupuesto de cuatro millones de dólares para que los inmigrantes indocumentados puedan tener representación legal. Los recursos se administran a través del programa New York Immigrant Family Unity Project (NYIFUP): https://www.vera.org/newsroom/press-releases/new-york-state-becomes-first-in-the-nation-to-provide-lawyers-for-all-immigrants-detained-and-facing-deportation.

encontró que aunque el promedio de detención es de diez meses hay individuos que han estado en esa situación hasta por cuatro años antes de que un juez emita un fallo. Y si el fallo lleva a la deportación, la prohibición de diez años entrará en vigor.

En una entrevista otorgada al Pro Bono Institute, una organización no gubernamental con sede en Washington, D.C., Maria M. Odom, entonces directora ejecutiva de Catholic Legal Immigration Network, explicaba la razón por la cual ella llevaba años haciendo trabajo pro bono como abogada. "A través del trabajo pro bono vas a conocer a los individuos más increíbles que jamás puedas encontrar y vas a aprender más cosas que las que aprenderías en tu práctica regular como abogado. Crecerás, y te aseguro que encontrarás los casos que te formarán como abogado por el resto de tu carrera profesional. Puedo tomar todos mis casos pro bono y te puedo decir que han definido en quién me he convertido como abogada de inmigración y quién quiero seguir siendo en el futuro."

Era enero de 2012, y una Maria sonriente —piel morena, pelo obscuro corto, mirada y sonrisa suaves— hablaba emocionada de su tarea diaria en una de las organizaciones de protección a migrantes asilados y refugiados con más prestigio en Estados Unidos. Es posible que en ese momento Odom, originaria de Puerto Rico, no imaginara que ocho meses después el futuro del que hablaba llegaría en forma de oficina gubernamental: en septiembre de ese año fue nombrada Ombudsman de la Citizenship and Immigration Services (USCIS, Oficina de Ciudadanía y Servicios de Inmigración) del Department of Homeland Security (DHS, Departamento de Seguridad Nacional), que tiene a su cargo mejorar la calidad de la atención y velar por los derechos de quienes son atendidos por esa dependencia. Entre ellos se encuentran incluidos los solicitantes de refugio y asilo.

En su reporte anual presentado en junio de 2015,[32] Odom reconoce que existe un *backlog*, un cuello de botella sustancial en los

---

[32] Maria M. Odom, Ombudsman, *Annual Report 2015, Citizenship and Immigration Services*, USCIS, June 2015: https://www.dhs.gov/sites/default/files/publications/2015%20CISOMB%20Annual%20Report_508.pdf.

casos de asilo afirmativo pendientes ante USCIS, que "ha provocado prolongados tiempos de procesamiento para decenas de miles de solicitantes de asilo". Según el reporte, el incremento en las solicitudes por razones de miedo creíble y razonable ha exigido que la agencia redirija recursos antes destinados a los casos de asilo afirmativo, lo cual, sumado a los nuevos casos que llegan, ha provocado el retraso. USCIS, explica Odom en el documento, ha tomado medidas para atender esa situación, como la contratación de personal adicional y un ajuste en la forma en que se establecen las prioridades de programación, pero aun así el *backlog* continúa.

Los antecedentes mencionados indican que durante los cuatro años previos a esa declaración los casos de asilo se habían multiplicado. A finales de 2011 existían 9,274 casos de asilo afirmativo pendientes. Para finales de 2014, el número había llegado a 73,103, un aumento de más de 700%.

En el mismo periodo se dio también un incremento en los casos de miedo creíble o miedo razonable, que, explica la agencia, ha provocado tensión en la forma como las autoridades a cargo de refugio y asilo asignan los recursos. En 2011 los casos de declaración de miedo creíble fueron 11,337. Para el año 2014, el número casi se quintuplicó, alcanzando 51,001. De acuerdo con el procedimiento de USCIS, los oficiales de asilo adjudican las declaraciones de miedo creíble y razonable para determinar si los solicitantes cumplen los requisitos para que su caso sea evaluado por un juez de inmigración. Dado que muchos de esos individuos se encuentran detenidos, USCIS da prioridad a sus casos.

El reporte de Odom indica que esas tendencias han ayudado a crear y perpetuar un *backlog* en los casos de asilo afirmativo, que impone consecuencias prácticas y psicológicas de largo alcance en quienes buscan asilo en Estados Unidos. Los criterios para priorizar la programación de entrevistas de los solicitantes por USCIS establecen cuáles de ellos recibirán el impacto de esos efectos. Hasta antes del 26 de diciembre de 2014, el criterio de la Asylum Division para programar las entrevistas era "Last in, first out": la agencia priorizaba los casos de aplicaciones recientes sobre los que llevaban largo tiempo, en parte para desalentar lo que consideraban un uso "frívolo" del recurso legal con el fin de obtener un permiso de trabajo a la brevedad.

De esta manera, mientras otros solicitantes continuaban esperando sus entrevistas para que les fuera iniciado un proceso de asilo, los más recientes se movían más rápido en el proceso de adjudicación. "Este largo retraso para los solicitantes atrapados en el 'cuello de botella' trajo ansiedad, incertidumbre y una serie de retos en la práctica para miles de solicitantes de asilo", reconoce Odom en el reporte. Como solución a ello, el esquema fue cambiado por uno basado en el criterio "First in, first out", según se establece en el documento.

Entre el 1 de octubre de 2014 y el 5 de marzo de 2015, de las aproximadamente seiscientas solicitudes de asistencia relacionadas con refugio y asilo recibidas por la oficina de la Ombudsman, 68% tenían que ver con el hecho de que los solicitantes no habían sido programados aún para sostener su primera entrevista del proceso de asilo; en la siguiente categoría, 25% habían completado sus entrevistas pero solicitaban la intercesión de la Ombudsman porque a pesar de ello no habían recibido una decisión final en sus casos. "En sus solicitudes de asistencia, los solicitantes en el 'cuello de botella' con frecuencia manifestaron sentimientos de ansiedad y frustración debido a los prolongados tiempos de procesamiento. También describieron una sensación de inestabilidad e incertidumbre con respecto a sus vidas en Estados Unidos", se señala.[33]

Muchos solicitantes expresaron temor por la seguridad y bienestar de sus familiares que aún se encontraban fuera de Estados Unidos y cuya única posibilidad de venir al país dependía de que el resultado de la petición de asilo del solicitante fuera exitosa. En particular, en una de las solicitudes de ayuda recibidas por Odom, el solicitante declaró: "Soy padre de dos niñas [...] no nos hemos visto desde 2012 y no he visto tampoco a mi esposa desde entonces. Vine porque no estoy seguro allá y ellas tampoco lo están. No puedo encontrar palabras para describir lo que significa estar lejos de mi familia,

---

[33] *Idem*, p. 4.

viviendo aquí seguro mientras ellas están en peligro".[34] Un hombre en un centro de detención afirmaba estar más seguro que su familia en su país de origen.

Respecto a los tiempos de espera, los datos de la oficina de la Ombudsman indican que de aquellos solicitantes que pidieron la intervención de esta figura en sus casos, 26% llevaba dos años esperando la resolución; 27%, entre dieciocho meses y dos años; 29%, entre un año y dieciocho meses; y 16%, entre seis meses y un año. Sólo en uno de los casos el solicitante había esperado menos de seis meses después de presentar su solicitud.

Tras recibir esas quejas, la oficina de Odom contactó directamente a las autoridades vinculadas con asilo en distintos momentos del proceso para evaluar las posibles medidas a tomar sobre las entrevistas pendientes y las alternativas para aminorar los efectos de la espera. Entre los resultados que reporta se encuentran la contratación de nuevos elementos: de doscientos tres oficiales en 2013 a trescientos cincuenta en 2015, aunque USCIS reconoce que los agentes no duran mucho en sus cargos; el promedio de tiempo de servicio en esa posición es de catorce meses y la contratación de nuevos elementos no subsana la partida de los que ya están entrenados. Otros resultados reportados son el establecimiento de nuevos criterios de prioridad para la programación de entrevistas: primera prioridad son los casos en los que se hizo *reschedule*; segunda prioridad, aplicaciones presentadas por niños; tercera prioridad, todos los otros casos pendientes en el orden en el que fueron recibidas las solicitudes —esto preocupa a algunos, porque puede atraer a falsos solicitantes para obtener por algún tiempo un permiso para permanecer en el país mientras sus casos se desahogan—; cuarta prioridad, hacer eficiente la forma de adjudicar los casos de miedo creíble.

Pregunté a Claudia si alguna vez había escuchado que existía en el sistema de centros de detención de inmigrantes un Ombudsman para ayudarles a proteger sus derechos. Claudia nunca había escuchado la palabra "Ombudsman".

---

[34] *Idem*, p. 61.

PRESERVAR MEMORIA

TERCERA PARTE

La impunidad

PRESERVAR LA MEMORIA

En un salón de un edificio de una planta, sobre una avenida amplia y polvorienta de Ciudad Juárez, se imparten talleres para niños y niñas. Los talleres iniciaron en 2011. Los pequeños de cuatro, de cinco, de ocho años cruzan por la puerta de ese edificio una vez por semana para asistir a su sesión. Son talleres de duelo.

Las sesiones están diseñadas para ayudar a esos niños cuyo padre, cuya madre, o los dos han sido asesinados a tiros, "encobijados", encajuelados, descuartizados, tirados en un terreno baldío o todas las anteriores. Niños que en ocasiones estuvieron presentes durante la ejecución de sus padres. Que están marcados porque viven en Juárez.

De Juárez son también otras madres, las que no han sido asesinadas pero podrían haberlo sido. Mujeres que saben cómo suenan los huesos cuando se rompen. Que llegaron de milagro hasta aquí y que cuando van de regreso a casa caminan mirando por encima del hombro. Entran y salen del edificio, se encuentran con otras mujeres, y así ha sido durante los últimos catorce años, desde que Casa Amiga fue fundada para dar protección y asesoría a víctimas de violencia doméstica o de género. Era la época en que eso que se definió como "muertas de Juárez" empezaba a colarse en los titulares de los diarios. Pero diez, once, doce años después, las características de la violencia son distintas: la llamada guerra contra el narcotráfico hizo que los casos de violencia extrema contra mujeres se mezclaran con los homicidios, las extorsiones, las ejecuciones masivas. Ahora llegan hasta aquí no sólo mujeres: llegan también hombres. Y familias. Y niños sin familia. Por la puerta de ese edificio cruza todos los días la evidencia de que nadie se salva, de que a Juárez se lo llevó la chingada.

Es un lunes de enero de 2013 y empieza a caer la tarde. La avenida polvorienta está bañada de una luz extraña que provoca un tono rosa-gris en el cielo y que enfatiza el ambiente de abandono sórdido que se siente en la ciudad. Llegamos a Casa Amiga, en un edificio que por fuera parece construido con enormes bloques de cemento pintados de colores brillantes: azul, amarillo, marrón. No encaja con nada de lo que hay alrededor.

Para quien nos ve desde fuera, nuestro grupo debe lucir de lo más extraño. Está encabezado por los dos responsables de que estemos en este lugar: un profesor mexicano-cuasi chicano entrando en sus cincuenta, de ojos expresivos y gafas permanentes, y otro profesor, un gringo que se acerca a sus setenta, delgado y de aspecto serio y formal. Los tres venimos desde Los Ángeles. Nos acompañan un fotógrafo juarense, alto y moreno, con cara de que se las sabe todas —y, en efecto, se las sabe todas— y una académica activista gringa de corta estatura y actitud *bossy* que me recuerda a Frances McDormand en su papel de mamá en la película *Almost Famous*. Apenas va a terminar el primer día de este viaje —mi primer acercamiento a la zona El Paso-Juárez para recabar la información que aparece en este libro— pero siento que llevo semanas oyendo historias de dolor. El fotógrafo estaciona la camioneta; sin decir una palabra bajamos, respiramos hondo, y nosotros también cruzamos la puerta.

Kent Kirkton podría ser actor de series estadounidenses —y no sólo por contar con ese nombre sonoro ideal—. Cuando camina por los pasillos de la California State University, Northridge, popularmente conocida como CSUN, en la ciudad de Los Ángeles, todos lo reconocen como el profesor que, después de muchos años de ser parte del departamento de periodismo de la institución, ahora es emérito del Mike Curb College of Arts, Media, and Communication. Pero antes de su papel académico, Kent —la piel blanquísima, la cabeza con apenas un poco de pelo blanco atrás y a los lados, la barba de candado del mismo color; su aspecto de gringo afable promedio de la televisión que te observa a través de sus anteojos— interpretó otros papeles.

Kent nació en 1945 en un pueblito del *midwest* estadounidense de nombre Gredley, en el estado de Illinois, que no llegaba a los mil habitantes. Era una época en la que la mitad de la gente vivía en granjas, y cuando el joven Kent se graduó de la preparatoria en 1963, en su generación había treinta y seis estudiantes. A pesar de vivir en una comunidad tradicional y conservadora, los Kirkton podían calificarse como progresistas. El padre fue gerente en una empresa carpintera y la madre, que empezó trabajando en una carnicería, llegó a ser asistente paralegal en un despacho de abogados. En su casa recibían a estudiantes de intercambio y, según Kent, sus padres eran demócratas de clóset.

Tras pasar unos años como asistente médico en las fuerzas armadas, y después de unos meses en el frente durante la guerra en Vietnam, Kent decidió que quería dedicarse a la fotografía. Estudió la licenciatura y la maestría en Illinois, hizo un doctorado en Comunicación de Masas en Iowa y trabajó por un tiempo en algunos periódicos. Y un buen día, durante los años ochenta, llegó a California para ser profesor de fotoperiodismo en la CSUN. Al poco tiempo de estar ahí se dio cuenta de que no había en el sur de California un centro que se dedicara a archivar la historia del fotoperiodismo; de que diarios cuya trayectoria cuenta la vida de sus ciudades, como Los Angeles Times, tenían fotoperiodistas que en algún momento habían llegado a la redacción con una buena cantidad de imágenes sobre el movimiento de derechos civiles o el movimiento chicano pero de las cuales sólo un par eran publicadas en el diario y lo demás se iba a la basura.

En 1981, después de parar en todas las estaciones del tren burocrático, finalmente logró echar a andar su proyecto: la creación del Center for Photojournalism and Visual History, nombre original del Tom and Ethel Bradley Center que hoy dirige. Uno de sus objetivos principales consistió en buscar imágenes de fotoperiodistas trabajando en medios étnicos, dado que era evidente que la cobertura de los llamados *mainstream media* únicamente abarcaba los asuntos relacionados con la población anglosajona. De esta manera, sus primeras colecciones incluyeron miles de imágenes del fotógrafo del diario afroestadounidense *LA Sentinel*, Guy Crowder, y archivos del fotógrafo Emmon Clarke, quien documentó el movimiento sindical campesino encabezado por el activista chicano César Chávez en California. Hoy el Bradley Center cuenta con más de ochocientos cincuenta mil negativos, posee la colección más grande de fotógrafos afroestadounidenses e incluye otros materiales, como los donados por el finado fotógrafo Richard Cross, en los que documentó las guerras en El Salvador y Honduras.

En eso estaba Kent cuando en 2002 lo hicieron jefe del Department of Journalism de la CSUN, y uno de sus primeros proyectos fue abrir un programa de periodismo en español. Empezó a buscar a un coordinador para el proyecto, y así es como José Luis Benavides entró en escena.

José Luis Benavides es un tipo encantador. Moreno, de pelo obscuro y ojos soñadores de ojeras permanentes, suele usar su sonrisa enorme como involuntaria arma de persuasión. Habla español con un ligero acento que podría ser chicano pero que en realidad no lo es mucho: el clásico "ni de aquí ni de allá" que termina siendo de los dos lados.

Tras cruzar la puerta de Casa Amiga, en Ciudad Juárez, Benavides utiliza el arma-sonrisa para saludar a una recepcionista y avisarle que nos espera Irma Casas, entonces directora de la institución. Unos minutos más tarde, se abre una puerta y sale una mujer delgada, que aparenta mucho menos que sus treinta y seis años y que ni de chiste se ve tan fuerte como resulta que sí es. Porque con tanta historia entrando y saliendo de aquí, ningún débil hubiera aguantado.

Irma nos invita a recorrer el edificio, incluidos los salones llenos de libros y juguetes infantiles. Pasamos a un salón de juntas y empieza a desgranar los últimos años. Casa Amiga se ha dedicado a ser el acompañamiento de las mujeres que interponen denuncias en casos de violencia doméstica o sexual, pero sus estadísticas muestran que en los últimos años sus servicios han llegado a ser hasta veinte mil por año. Eso es porque ahora atienden de todo. "Juárez vive una situación de posguerra", explica Irma, el pelo castaño largo y suelto, el rostro de piel blanca sin maquillaje, los ojos muy abiertos, el gesto serio. "Enfrentamos el duelo de chicos que tienen dos papás muertos. Nos damos cuenta de que el costo de lo que vivimos hoy lo vamos a ver en diez, en veinte años. Los que hoy tienen diez años, que han vivido así durante los últimos cuatro, ¿qué van a hacer dentro de diez?".

Irma dibuja un panorama desolador. Las cifras de violencia entre menores son alarmantes. Hay reportes de intentos de homicidio por niños de ocho años. En el Valle de Guadalupe, la zona en las afueras de Juárez donde el pie de la delincuencia organizada lo ha aplastado todo, se han incrementado los índices de suicidio entre jóvenes. Los adolescentes usan palabras a las que les dan significados que diez años atrás no existían, acuñados para describir nuevas prácticas delictivas: *carjacking, boteros, bicicleteros*. Cuando llegaron los militares en 2008 se empezó a registrar el mayor número de violaciones a los derechos humanos. Cuando llegaron los federales ese mismo año, aumentaron los casos de violencia sexual contra mujeres, los reportes de jóvenes violadas y torturadas. De los datos generales pasamos a los casos concretos. Una chica de catorce años atendía el restaurantito propiedad de la madre, y un día un policía federal decidió que la chica se le antojaba; llegó al lugar, la violó, y le gustó, así que regresó de tres a cuatro veces por semana mientras se le dio la gana. La chica era virgen. El tipo le contagió una enfermedad de transmisión sexual. Cuando, muertas de miedo, la madre y la hija decidieron presentar una denuncia, la defensa del hombre fue que él dejaba una propina y que la madre estaba al tanto. Madre e hija optaron por cerrar el negocio y mudarse al estado de Durango. En cuanto termina de relatar esto, Irma empieza a contar otro caso sin transición: el de una chica que fue torturada y asesinada. En algún momento, con ironía cargada de hartazgo, suelta un "Bueno, una más".

Toca el turno de hablar a Benavides para explicar por qué estamos aquí. Y con su explicación, empieza a contar la historia del proyecto Border Studies Collection.

José Luis Benavides llegó a la CSUN proveniente de Texas, en donde hizo sus estudios de maestría y doctorado. Cuando Kent Kirkton asumió la jefatura del Department of Journalism, con su conocimiento de la población estudiantil en la universidad impulsó la creación del programa Periodismo en Español e inició el proceso de selección de su director. El elegido fue Benavides, quien gustoso se mudó al sur de California ese 2002. En los años siguientes el profesor originario de Ciudad de México, crítico de la vacuidad del sistema universitario estadounidense, de la falta de representación de la diversidad cultural del país en la vida académica y de la ignorancia que suele encontrarse en el ejercicio del periodismo, logró desarrollar un programa sólido para jóvenes estudiantes, en su mayoría inmigrantes o hijos de inmigrantes provenientes de países latinoamericanos, que tienen el deseo de trabajar con audiencias originarias de esos países, en medios en español o en medios en inglés, pero sobre temas que afectan a la comunidad de habla hispana en Estados Unidos. En 2007 Benavides fundó el periódico estudiantil en español *El Nuevo Sol*, una publicación multimedia que cubre temas relevantes para la comunidad latina, incluidos los de inmigración y asuntos fronterizos.

El encuentro entre Benavides y Kirkton no pudo ser más afortunado. A pesar de tener orígenes tan disímiles, una diferencia de edad de quince años e historias que de no ser por la academia difícilmente se habrían cruzado, el *click* ideológico y de visión de futuro entre los profesores fue casi instantáneo y ha derivado en varios proyectos conjuntos. Cuando Kirkton dejó la jefatura del Department of Journalism, Benavides resultó electo para el relevo.

Un día, Benavides descubrió la obra del escritor y periodista estadounidense Charles Bowden, quien durante más de una década escribió sobre la situación en la frontera entre México y Estados Unidos y en los últimos años antes de morir, en 2014, enfocó su trabajo en las causas de la violencia en Ciudad Juárez no sólo como resultado de una supuesta guerra contra el narcotráfico emprendida en la coyuntura de un gobierno, sino de la relación económica y política entre dos países, los niveles de corrupción e impunidad y la indiferencia en ambos lados de la frontera. Benavides comentó el trabajo de Bowden con varios colegas, incluido Kirkton, y tras despertar el interés en un sector de la comunidad académica, hicieron los arreglos para que

Bowden acudiera a dar una charla a los estudiantes de periodismo de la CSUN. Era noviembre de 2011.

Lo que ha seguido es una serie de sucesos vertiginosos que involucran más vísceras e instinto que el rigor burocrático que hace que muchos proyectos académicos no caminen. Bowden viajó a Los Ángeles acompañado de su pareja, Molly —la gringa académica activista con la que después estaríamos en Juárez—, con quien vivía en Las Cruces, Nuevo México, un poblado a cuarenta minutos de la frontera El Paso-Juárez. Tocó después el turno de viajar a la zona a José Luis y a Kent, y se encontraron de frente con la realidad que viven los exiliados debido a la violencia. Pasaron cinco días en la zona, conocieron a algunas personas, entre ellas el fotógrafo Julián Cardona —el que se las sabe todas— y volvieron a Los Ángeles. Durante días no hicieron más que hablar de Juárez. "Nos dimos cuenta de que hay una necesidad enorme de preservar la memoria", explica Benavides a Irma y al resto del grupo, incluidas algunas colaboradoras de Casa Amiga, sentados todos alrededor de una mesa. "La información que llega es muy poca y no se habla, no se entiende la complejidad del problema. Entonces decidimos crear este archivo de historias orales. Estamos entrevistando a víctimas de la violencia, a la gente que ha tenido que salir de Juárez o de otras zonas de México huyendo para salvar su vida por la extorsión; a las que les han matado a un familiar, saqueado o quemado la casa, que tuvieron que dejarlo todo. Y también a quienes ven a diario lo que pasa y tratan de ayudar."

Las palabras sobre el asunto se enciman. "Las élites binacionales ganan con esta situación, El Paso se ha beneficiado del éxodo y no están tocando el tema", enfatiza Benavides. "Y quizá no quieren", interrumpe Julián, y asegura que de un lado y del otro las élites, los medios, los gobiernos priorizan el discurso de la seguridad en la frontera por encima de la impunidad y las violaciones a derechos humanos, y que así se normaliza la violencia.

"Muchas personas de Estados Unidos que cruzaban para trabajar como voluntarios con las organizaciones no gubernamentales han dejado de hacerlo", explica Irma, "o cruzan a escondidas porque algunos son parte de las universidades y éstas no financian viajes académicos a países con alerta de seguridad." Kent y José Luis intercambian una mirada de resignación. Alguien menciona un silencio cómplice desde las universidades, todos coinciden. Se habla también de la intimidación a los periodistas y de la otra complicidad, la de las grandes empresas informativas. Todos vuelven a coincidir. Se habla de cómo la falta de documentación de los casos impide, entre otras cosas, juicios contra los responsables. Las frases que describen la situación están salpicadas de anécdotas que se multiplican. Un policía que violaba a su mujer la tuvo secuestrada durante días por haberlo denunciado. Un niño se suicidó. A un hombre que se resistió a la extorsión en su negocio le cortaron los pies. Nadie dice nada. "Buscan borrar la memoria", insiste Benavides. "Cuando la violencia obliga a la gente a abandonar sus casas para salvar su vida, van y saquean la casa y la queman. No queda rastro y corremos el riesgo de que en el futuro la gente diga que esto no ocurrió. A estas alturas ya tendríamos que estar pensando en una comisión de la verdad."

Éste es el tercer viaje que hacen Benavides y Kirkton para promover la preservación de la memoria. Hacen entrevistas a exiliados por la violencia, muchas de las cuales son realizadas a quienes llevan sus casos legales con Carlos Spector, aplicando el esquema de historia oral de la antropología social. Algunas entrevistas duran horas. Una de las que me tocó presenciar fue la de Martín Huéramo, que duró casi seis. Cuando regresan a Los Ángeles las transcriben, las traducen para que el archivo exista en inglés y en español y las guardan sin editar. A las grabaciones se suma un archivo de diecisiete mil imágenes que han sido donadas por Julián. Y la idea es seguir sumando entrevistas hasta que el cuerpo aguante. No hay un presupuesto asignado para el proyecto y no tienen por objetivo publicar un libro ni contar su versión de la historia, pero dos veces al año los dos profesores echan mano de sus ahorros y su tiempo libre para recorrer la mitad de la línea fronteriza y recoger fragmentos de presente con la esperanza de que sirvan de herramienta a quienes en el futuro quieran saber qué pasó aquí.

Irma, que escucha entre sorprendida y emocionada, ofrece su ayuda "en la medida de lo posible", incluido el acceso, respetando las normas internacionales de confidencialidad, a algunos archivos de Casa Amiga. Mientras tomamos café con galletas me doy cuenta de que llevamos tres horas hablando de muertos, de mutilados y de mujeres violadas. Las imágenes se amontonan en mi mente y me siento indispuesta. Quienes relatan los casos, uno tras otro, tras otro, están indignados pero no sorprendidos. Creo que ya no reaccionan como los demás. Están marcados, porque resulta que viven en Juárez.

—

"Estamos en El Paso, hoy es 21 de enero y estamos con Gloria López."

José Luis revisa que la grabadora esté funcionando e inicia la entrevista con Gloria, quien está sentada muy derechita, con el micrófono de solapa colocado sobre el saco, mirando de frente a su entrevistador. Se trata de la esposa de Saúl Reyes Salazar, el único varón que queda vivo de los diez hermanos. Recordemos que Gloria y sus tres hijos vinieron con Saúl cuando él decidió pedir asilo político.

Gloria se arregló para la cita. Viste una blusa morada y un saquito color fucsia; trae el pelo recogido y porta anteojos, aretitos y una gargantilla plateada. Empieza contando que nació en Chihuahua en 1974 y que cuando tenía siete años de edad la familia se mudó a Guadalupe. Como ocurrirá con todos los entrevistados durante ese viaje, al hablar de su infancia Gloria evoca momentos idílicos: un Valle de Guadalupe próspero, con empleo, con gente feliz trabajando en la agricultura y, en el caso de ella, con un papá que la llevaba a jugar a la plaza. Eso se acabó, asegura, cuando empezaron a llegar las maquiladoras.

Mientras Gloria habla y José Luis cumple, atento, con su papel de entrevistador-recolector de memoria, Kent hace otras cosas: toma fotos de la entrevistada, de José Luis, de ambos; prepara una camarita para grabar video; se encarga de que haya suficientes baterías. Kent no habla nada de español, pero lo entiende un poco gracias a Juana, su mujer desde hace quince años, cuya familia vive en Tijuana. Gloria habla bajito; es tímida, y al principio sus respuestas son cortas y apretadas, pero mientras la entrevista avanza irá hablando con más soltura y hasta con énfasis en las partes que lo ameritan.

La historia que recogió Benavides ese día da cuenta de cómo Gloria, la hija de una familia panista, se enamoró de Saúl, uno de los hermanos Reyes, la familia izquierdista y perredista del lugar que tenía una próspera panadería, negocio al que se dedicaban todos los hermanos. Entre la elaboración del pan y su distribución a otras tiendas, los hermanos intercambiaban libros progresistas manteniendo la regla de no comentarlos hasta que todos los hubieran leído. La conciencia social y de clase de la familia Reyes Salazar, cuenta Gloria, se alimentó de levadura y letras.

Gloria y Saúl iniciaron su romance el 1 de enero de 1994, mientras en la Selva Lacandona un grupo de indígenas se levantaba en armas bajo las siglas del Ejército Zapatista de Liberación Nacional. Se casaron un año y medio después y se fueron a vivir a la casa de los padres de él mientras ahorraban para construir su propia casa. La vida con Saúl y su familia fue haciendo que Gloria entendiera por qué tanto alboroto con las demandas a las que se sumaban los activistas Reyes Salazar: si las autoridades no los escuchaban, si el gobierno no satisfacía las demandas de sus representados, tenían que levantar la voz. Entre que oía a la gente planeando su actividad y el rechazo que empezó a recibir de otros panistas que la acusaban de ser espía, terminó volviéndose perredista. La gente del pueblo sabía que podía contar con los Reyes Salazar. Cuando las mujeres tenían alguna inquietud buscaban a Josefina, quien participaba en el movimiento que demandaba justicia por las muertes de mujeres en la región.

Después de un tiempo de vivir juntos, Gloria y Saúl reunieron dinero suficiente para construir su casa. Con un orgullo que la desborda, esbozando una sonrisa amplia que levanta un poquito sus anteojos, narra cómo entre los dos hicieron la casa: echaron los cimientos, ella batía el cemento, lo echaban en botes y él subía la mezcla para construir los muros. Juntos pusieron las ventanas. "El y yo", enfatiza. En el año 2000 pusieron su propia panadería y se mudaron a su nueva casa junto con su primogénito, Saúl Ernesto —el segundo nombre en honor al Che Guevara—, que para entonces tenía dos años, y con las decenas de libros que coleccionaba Saúl. Dos hijos más vendrían después. Hasta que llegó 2008, el año en que el exterminio de los Reyes Salazar inició. Tras el asesinato de Magdalena, Elías y Luisa —a los que secuestraron, mataron, enterraron y luego desenterraron para tirarlos en un camino; la familia los encontró y los sepultó; los asesinos profanaron las tumbas, borraron los nombres de las lápidas—, Saúl empezó a recibir mensajes de texto con amenazas enviadas desde el teléfono de Elías. "Sigues tú".

Entonces no hay otra opción: dar un último vistazo a la casa, a la panadería, a los libreros con libros, a la tierra; caminar hacia el puente, dejar el país que se ama y entrar al que siempre se ha cuestionado —la izquierda marca— para pedirle clemencia. Vivir durante meses en un albergue para refugiados, hacinados, sin poder trabajar, sin poder hacer nada. Tener que aceptar la ayuda de la gente. Recibir el asilo y conseguir un empleo en un supermercado, con un sueldo que apenas alcanza para rentar un departamentito en el que viven los cinco y la matriarca Reyes Salazar. Tratar de estirar el dinero cada semana. Quedarse huérfano de país. "Uno planea su vida: va a ser así y así", reflexiona Gloria, con una sonrisa irónica pero sin amargura. "Yo me acuerdo de que cuando estaba en mi casa, con nuestro negocio, con mis tres hijos, pensaba que qué aburrida era mi vida, que nada interesante nos pasaba. Imagínese..."

Conmueve hasta el alma escuchar a Gloria hablando de gratitud. De que no le gusta vivir en Estados Unidos pero espera algún día tener la oportunidad de agradecer suficientemente a la gente que le abrió los brazos. Y de que mientras haya vida haya esperanza.

Gloria se quita el micrófono y, antes de que se vaya, José Luis le entrega dos libros que trajo para Saúl, uno de Eduardo Galeano y otro de José Saramago. Gloria le da las gracias y le cuenta que a su esposo le gustaron mucho los anteriores títulos, que ya hasta está pensando en comprarse un librero.

—————

Estamos en la oficina de Carlos Spector en El Paso, un edificio de dos plantas de cuyos muros penden piezas de arte chicano alusivas a la frontera. El ambiente es acogedor a pesar de los cientos de fólderes amarillos etiquetados con marquitas de colores y acomodados en orden alfabético sobre estantes y libreros.

Hoy toca entrevistar a Alejandro Hernández Pacheco, un periodista que trabajaba como camarógrafo en Torreón, Coahuila, para

Televisa, la empresa de televisión más grande de México. Spector le resolvió el caso de asilo. Alejandro salvó su vida por un pelito.

Benavides se sienta en su sitio de entrevistador. Frente a él, con atuendo casual y una figura alta y robusta, de manos grandes y piel gruesa, se sienta Alejandro. Tiene facciones recias pero una mirada muy dulce. Alejandro es tímido al principio, pero después habla con soltura. Benavides se va encorvando un poco mientras la historia avanza, incluso inclinando la cabeza un poco a la derecha, y tiende a ver al entrevistado a los ojos por encima de sus anteojos. Noto que en algunas ocasiones intenta exitosamente moderar su lenguaje académico durante las entrevistas. En un momento va a decir "salto cualitativo" y lo cambia a tiempo por "bien distinto". Después de horas de entrevista, todos los detalles ayudan a contar la historia.

Alejandro es hijo de un minero de la metalúrgica Peñoles y trabajó cinco años como camarógrafo de la cadena de televisión Telecable en Torreón antes de irse a Juárez. Cuando llegó a esa ciudad, en 1997, empezaba a volverse público el tema de las mujeres asesinadas. Trabajó para la empresa Televisión Azteca, después para el diario y canal de internet Milenio, y en 2008, cuando las cosas se empezaron a poner duras en Torreón, volvió a casa y de nuevo trabajó para Televisa, esta vez en el área de La Laguna. Alejandro asegura, basado en su experiencia, que las cifras que se dan oficialmente para reportar a los muertos durante el sexenio de Felipe Calderón son mucho más bajas que las reales. Es la tercera persona que nos lo dice en lo que va del viaje. "Ver tanto muerto tirado al principio te altera, pero luego te acostumbras... al olor y todo."

Hasta que le toca a uno. El 26 de julio de 2010 Alejandro fue secuestrado junto con Héctor Gordoa, jefe de información del programa *Punto de Partida*, de la periodista Denise Maerker, mientras hacían un reportaje sobre la red de complicidades denunciada en un centro de rehabilitación social en Gómez Palacio, Durango, que involucraba a la hoy ex directora del penal, Margarita Rojas Rodríguez. Cuando regresaban a Torreón, un vehículo se les atravesó y los secuestraron junto con otro reportero, que después fue liberado. El grupo que los detuvo pedía que a cambio de su liberación la cadena Televisa transmitiera un video en el cual se ligaba a funcionarios con la actividad delictiva del cártel de Los Zetas. La televisora no accedió y ese día no se transmitió el programa de Maerker; tras una breve explicación de la conductora, la pantalla quedó fija en un letrero negro. "Televisa nos expuso mucho. Héctor y yo nos tomamos de la mano y empezamos a rezar. Nos acordamos de nuestros hijos. Nos llevaron a una casa de seguridad y ahí nos tuvieron dos días. Estábamos vendados y amarrados. Estuvimos en un cuarto de tres por tres metros. Ése era el cuarto donde mataban a la gente, porque estaba lleno de sangre, había manchas de sangre seca en la pared y pedazos de cuero cabelludo, dientes. Cuando amanecía, me sorprendía no estar desmembrado."

El secuestro, que Alejandro atribuye a un grupo vinculado con el Cártel de Sinaloa, duró cinco días. Por alguna razón que aún no comprende, al quinto día los liberaron. Una vez liberados, sin comer, sin dormir y golpeados —Alejandro vestía la camisa azul marino con el logo de Televisa, ensangrentada—, fueron a dar con los policías federales. En ese momento Alejandro no entendía bien lo que estaba ocurriendo, pero ahora lo explica con una mueca sarcástica. "Nos soltaron y los federales ya sabían, y nos estaban esperando. Genaro García Luna —el entonces secretario de Seguridad Pública durante el gobierno de Felipe Calderón— montó un show mediático para presentarnos, para anunciar nuestro "rescate". Ni siquiera nos dejaron ver a nuestra familia. Sin preguntarnos, sin que nos viera un médico, nada, nos subieron a un avión y nos llevaron a presentarnos ante la prensa en la Ciudad de México. Ya no regresé a mi casa. Mi esposa me alcanzó en México, me encontré con ella en la madrugada, en un hotel. Obviamente, yo tenía miedo de regresar, tenían mi nombre, sabían dónde vivo, y todo el tiempo me dijeron que me iban a matar."

Un representante del Sindicato Industrial de Trabajadores y Artistas de la Televisión y la Radio (SITATYR) le ofreció a Alejandro una casa en Ciudad de México para que se quedara temporalmente ahí mientras Televisa resolvía su situación. La empresa le ofreció reubicarlo para trabajar en otra ciudad y un apoyo para vivienda, pero una semana más tarde le dijeron que eso no sería posible y al final nadie le respondió nada más. "Yo estaba en la Ciudad de México y nadie de Televisa Chapultepec fue a verme, no me dieron ni agua.

Como que me apesté, ¿no? Fueron ingratos. Y la policía nos usó para sus fines, colgándose la medalla de que ellos nos rescataron. Ellos no nos rescataron, los otros nos dejaron libres."

Alejandro se dio cuenta de que ni la empresa ni el gobierno se iban a hacer cargo del asunto —de hecho, la exhibición pública que hizo de él el gobierno ayudó a que se resolviera su caso de asilo en Estados Unidos: argumentaron que exponiéndolo de esa manera las autoridades demostraron carecer de los conocimientos logísticos elementales para proteger su vida—, así que el 21 de agosto viajó a Chihuahua y al día siguiente cruzó la frontera para no regresar. "Dejamos todo, familia, casa, amigos. Juntar uno con tanto esfuerzo para tener su casa, para que se la queden estos güeyes", dice con las mandíbulas apretadas de rabia, tratando de contener el llanto. "La saquearon, se llevaron todo; tubería, rejas, todo. Y me da coraje... Imagínate, ¿no? Lo haces con mucho sacrificio, vives como debes, te portas bien... para nada."

Cuando Benavides le pregunta sobre el apoyo de organizaciones internacionales, sonríe. "Busqué a Artículo 19, a Reporteros sin Fronteras, les dije que si no había manera de que me apoyaran económicamente mientras resolvían mi caso de asilo porque no podía trabajar. Me dijeron que no tienen recursos. Puros boletincitos de 'apoyo al compañero fulano', y listo."

Alejandro trabajó como jardinero, pintó bardas y lustró calzado. Como todos, agradece de corazón a la gente que lo apoyó, personas a las cuales en ocasiones ni conocía. Su caso fue el segundo de un periodista mexicano en recibir asilo en Estados Unidos por persecución. "Nosotros somos peones nada más, no les interesamos. A nosotros nos usó la televisora, nos usó el gobierno, nos usó el narco. No le importamos a nadie. La nueva migración es la de los periodistas que vienen huyendo, no por querer trabajar aquí, sino por miedo."

——

La interacción entre Kirkton y Benavides es de lo más interesante. Me recuerdan a un matrimonio viejo que se conoce las mañas y se acepta los defectos. La convivencia es armónica, pero me queda claro que esa armonía se ha construido a base de tolerancia y respeto. Y de afecto, claro está.

Los trayectos en la ciudad los hacemos en la camioneta de Kent, un vehículo con una caja de carga y una cabina en la que caben cómodamente dos personas adelante e incómodamente dos personas atrás. José Luis y yo peleamos por el lugar de atrás; yo, porque así puedo observar la relación del matrimonio académico, y él porque, chapado a la antigua, se siente mal si va más cómodo que una mujer.

Cada vez que subimos a la camioneta maneja Kent, pero el que nos conduce es *Pete*. Ése es el nombre que le dio Kent al GPS que trae en el auto. La primera vez que me subo me lo cuenta como si fuera algo muy gracioso, y José Luis me lanza una mirada por encima de los anteojos que pide que mi humor chilango no se burle del humor de su amigo gringo. José Luis asegura que a él sus veintitantos años en Estados Unidos ya le quitaron todo lo que tenía de chilango, pero hay marcas de nacimiento que ni la frontera más densa puede borrar.

Benavides es originario del corazón de Ciudad de México. Su padre tenía un negocio de venta de material eléctrico en la calle Victoria, casi esquina con Balderas. Egresado de la carrera de periodismo por la Escuela Nacional de Estudios Profesionales Aragón (ENEP Aragón) de la Universidad Nacional Autónoma de México, en 1988 obtuvo una beca Fullbright para estudiar la maestría en la University of Texas at Austin, y después se siguió con el doctorado. Y aunque su intención era regresar a México, el "error de diciembre", como se le conoce a la crisis económica desatada en 1994, y probablemente el hecho de que ya había conocido a Kate, quien después sería su esposa, estuvieron entre los factores que hicieron que, tras algunas breves estancias en su país, se quedara en la vida académica en Texas. Hasta que llegó a la CSUN.

Cuando habla de su experiencia migratoria, Benavides es honesto. Sabe que su situación fue de privilegio y que dista de la realidad de los miles de inmigrantes latinoamericanos en Estados Unidos. Con la experiencia que dan los años, lo sintetiza de la forma crítica que le ha valido las cejas levantadas de más de una autoridad: "El sistema migratorio estadounidense se divide en dos. Está diseñado para captar talento de fuera, y en ese sentido es fácil venir. Pero la otra parte es la que obliga a que la gente migre en condiciones difíciles para convertirse en mano de obra barata. Si llegas a un lugar como Texas en primera instancia, puede ser difícil que te des cuenta de que eso ocurre. Austin es una ciudad dividida por la raza. Yo llegué y vi una Austin rubia, blanca, por todos lados. No vi a una persona negra. Claro, subes al autobús y dices "Ah, aquí están", pero si no pones atención, puedes pasar el tiempo sin saber qué está ocurriendo. Hay racismo, y cuando te golpea de manera directa no sabes cómo reaccionar."

Además del racismo en ciertos sectores de la sociedad en general, Benavides habla de otro tipo de racismo, el que opera en la academia. Las becas, los apoyos, los financiamientos —afirma— transitan por las redes públicas y privadas, pero esas redes son de profesores anglosajones. En un par de ocasiones se refiere al predominio de la ideología blanca sobre sistemas universitarios que por su naturaleza tendrían que ser diversos, y lo engloba en el término "parroquialismo intelectual norteamericano". "Es por esto que en la CSUN hemos pretendido crear algo que no existe, algo que tenga resonancia crítica. Estamos dándole a estos jóvenes el conocimiento y la historia de su país de herencia. Lo que hace muy gratificante el programa de periodismo en español es que, si no existiera, estos estudiantes estarían inmersos en el sistema educativo monocultural de Estados Unidos, en el que una cultura distinta no se ve como una ventaja sino como una desventaja. Nuestro programa invierte los papeles: ¿Sabes español? Tienes posibilidades de ampliar tu horizonte. Queremos que vean el periodismo como posible catalizador de cambio, como lo fue la prensa negra. En ese sentido, estos chicos tienen una visión más amplia que muchos de sus profesores." Kent, asegura José Luis, es uno de los pocos académicos sensibles a esa diversidad.

Mientras Kent maneja su camioneta hacemos lo posible por estar callados; se desespera si hablamos al mismo tiempo que Pete. Así que, en silencio, a veces aguantando la risa, recorremos la carretera que por la noche tiene luces a los dos lados, sin que se distinga cuáles están en Juárez y cuáles en El Paso. Es que son ciudades hermanas. Nada de lo que hemos escuchado tendría que estar pasando.

El acuerdo para realizar las entrevistas es que José Luis haga aquellas en las que el entrevistado se siente más cómodo hablando en español y Kent las de quienes prefieren el uso del inglés. En este viaje no nos ha tocado una del segundo tipo. En cambio, después de la de Alejandro nos toca una de más de tres horas, y al día siguiente una de casi seis, las dos en español. José Luis resiste, impávido, escuchando con atención los testimonios que durante la primera hora son genéricos pero que ya para la tercera adquieren una intensidad que le arrugan el alma a cualquiera. El dolor ajeno se respira en el aire y se le mete a uno a los pulmones y se le va hasta los huesos; y en la tarde, poco antes de cenar, los huesos duelen, literalmente, como si uno hubiera corrido media maratón.

Me sorprende mucho que Kent aguante estoico, generoso, hasta de buen ánimo, las largas entrevistas en un idioma que no domina. Cuando en un momento le hago esta observación, me recuerda que su esposa es mexicana y que está acostumbrado a esa dinámica en las reuniones de familia. Sin embargo, como supongo que ocurre en dichas reuniones, me queda claro que Kent entiende lo que pasa, particularmente en los momentos más dolorosos. Y entonces lo que me llama la atención es la forma como reacciona, mucho menos visceral que la reacción que noto en José Luis, como si estuviera habituado a enfrentar el dolor. "Será porque es gringo", pensé una tarde.

Lo que sigue tendría que ser un paréntesis, porque ocurrió algunas semanas después de nuestro viaje. Sentados en su oficina del Mike Curb College of Arts, Media, and Communication en la csun, una habitación amplia de cuyos muros cuelgan fotografías en blanco y negro históricas, conmovedoras —me gusta una en la que están Martin Luther King Jr., Ralph David Abernathy y Sammy Davis Jr. durante una reunión pública por los derechos civiles en Los Ángeles—, Kent me cuenta algunos episodios de su vida como si no fueran de él, haciendo un esfuerzo para recordar detalles, dándome respuestas no muy largas: en 1965 se unió a la Marina estadounidense y pasó dos años y medio en Waukegan, Illinois, trabajando en el laboratorio médico de un hospital naval de ochocientas camas. Eran los años de la guerra en Vietnam —y es enfático: no la guerra de Vietnam, sino en

Vietnam—. Más tarde, enrolado con los Marines, fue enviado al frente en 1968.

Los 67 años de edad de Kent me ven desde sus ojos claros. Tengo varias semanas de conocerlo, pasamos juntos cinco días en El Paso-Juárez, escuchamos historias escalofriantes, pero hoy, mientras conversamos, es la primera vez que veo en él las marcas de un dolor profundo: el que queda después de haber estado "no en los campos de arroz sino en las montañas, en la selva, arriba, abajo, 'buscando' al enemigo"; el que marca para toda la vida después de meses de trabajo en el batallón médico, recibiendo a los heridos que vienen en un helicóptero desangrados, amputados, con las vísceras de fuera; el que tratas de ignorar casi cincuenta años después al hablar de un amigo al que viste morir en la mesa de operaciones. "Yo nunca fui una persona patriótica, nunca sentí que yo tuviera un deber que cumplir. Me enrolé en la Marina porque tenía un área de medicina para salvar vidas, no para tomarlas", me dice serio, incómodo. Me confiesa que pasó décadas sin hablar de eso públicamente, sin enorgullecerse de su pasado en el frente. "Lo eliminé de mi vida. Yo no soy un patriota. Conozco a gente que está ahogada en la culpa, es una reacción natural para quien regresa. Vuelves a casa después de eso y ves a la gente en Estados Unidos como si nada, yendo a las tiendas de compras, sin saber lo que ocurre en Irak o en Afganistán, mandando a los hijos al catecismo y después a un entrenamiento sin darse cuenta de que son parte de una maquinaria que los prepara para matar gente. Yo lo he dicho públicamente: esto es lo más cercano que puede estar a la esclavitud una persona blanca en este país. Y ahora acepto que fue parte de mi vida, incluso que es algo que tuvo un papel en mi vida emocional como adulto. Tal vez por eso algunos me califican como una persona con desapego. Pero aprendes a vivir con ello."

IMPU-
NIDAD

SANDRA RODRÍGUEZ NIETO se encuentra sentada en la orilla de la cama. Estamos en la misma habitación donde, tres días antes, Benavides entrevistó a Gloria. Sandra vive en Juárez, pero ha venido a El Paso para realizar la segunda parte de una charla que José Luis y Kent iniciaron con ella el 29 de julio del año anterior. Ambas entrevistas son parte del proyecto de registrar historias de vida para preservar la memoria.

Sandra es una periodista experimentada: cuarenta años de edad, alta, esbelta; cabello obscuro ondulado, ojos ligeramente rasgados de mirada escrutadora y sonrisa discreta; curtida a punta de sangre y bala durante la violencia calderonista. Es originaria de la ciudad de Chihuahua, donde vivió hasta sus diecinueve. En 1993 se mudó a Ciudad Juárez para estudiar, y ese mismo año entró a trabajar al periódico *El Diario de Juárez*, en donde permaneció por cuatro años. Tras un periodo de experimentar en otros medios y otras ciudades, volvió al mismo diario en 2003. Durante ocho años su trabajo consistió en reportar todo lo que ocurría en Juárez, en la época en la que en Juárez empezó a ocurrir de todo. "Fue como empezar a ver y decir: 'Ah, caray, algo está pasando. ¿Qué está pasando?'", contó Sandra a José Luis en su primera entrevista. "Había mucha gente que sabía desde 2007 que iba a haber conflagración [entre los grupos delictivos] por la ciudad. Pero en enero [de 2008] sí recuerdo una serie de homicidios, y entre ellos varios que no tenían nada que ver con la lógica del crimen organizado, pero que los veías porque era muy evidente: hay muchos homicidios, hay muchos. Ya para el 21 de enero, que dispararon contra los jefes policiacos, era muy claro: esto va a estar muy heavy. Me acuerdo de que hice una nota para cerrar el mes, el más violento en años: cuarenta y tres muertos."

La percepción de esa época descrita por Sandra coincide con una que describe Charles Bowden, el periodista estadounidense al que invitaron Kent y José Luis a la CSUN, en su libro *Murder City*,[35] un análisis sobre la cultura de la violencia en Juárez, sus orígenes y sus consecuencias para ambos lados de la frontera. En un apartado del libro, Bowden relata cómo durante 2008, en un detallado trabajo de documentación, siguió el desbocado crecimiento de la espiral de violencia juarense:

Al principio era un trabajo de rutina. Leer la documentación, anotar los nombres si es que aparecían, la hora y causa de la muerte. Pero entonces el volumen aumentó, y los reportes se volvieron vagos. La gente desaparecía y lo que pasaba con ellos no era reportado. Tampoco hay un número real de los desaparecidos porque las familias no reportaban los eventos, por temor a ser asesinados. Luego, los asesinatos a la luz del día aumentaron y los reporteros fueron amenazados cada vez más. Para junio de 2008 la ciudad ya no podía manejar su propia muerte y empezó a enviar los cuerpos de manera masiva a las escuelas de medicina, o a arrojarlos en fosas comunes. La lista de los muertos se convirtió en una masa obscura en la medida en que la información sólida escaseaba. Y finalmente se desvanece un camino regado de muerte y voces susurrando [...] En enero y febrero de 2008, los periódicos y las voces en las calles se sorprendían ante el horror de más de cuarenta muertes al mes —un número nunca antes registrado en Ciudad Juárez. [...] Para finales de 2008, el promedio mensual era de 200, y para el verano de 2009, más de 300 asesinatos en un mes se volvieron un asunto normal en Juárez.

---

[35] *Murder City: Ciudad Juarez and the Global Economy's New Killing Fields*, New York, Nation Books, 2010. Ha sido publicado en español: *La ciudad del crimen: Ciudad Juárez y los nuevos campos de exterminio de la economía global*, México, Grijalbo-Mondadori, 2010.

Nota tras nota, en el recuento casi obsesivo de Bowden se lee el avance de la violencia: 3 de enero, un hombre es asesinado en su auto. 5 de enero, un homeless amanece con la cabeza destrozada. 12 de enero, el diario reporta que van 16 muertos en lo que va del mes. 24 de enero, el procurador busca identificar al asesino de una niña. 25 de enero, líderes católicos rezan por un alto a la violencia. 27 de enero, aparece en una avenida un cartel con el nombre de cuatro elementos de la Secretaría de Seguridad Pública Municipal recientemente asesinados y otros 17 de agentes en activo. El mensaje va dedicado "para aquellos que no creyeron". El 28 de enero, un diario de El Paso cita al propio Bowden: "El gobierno de Estados Unidos no ha detenido el tráfico de drogas al interior del país y esto ha generado un aumento en la violencia en México, especialmente a lo largo de la frontera."

Sandra es una de las personas que mejor ha comprendido el proceso, que muchos aún intentan explicar. No se trata solamente de la guerra contra el narcotráfico, ni de un periodo determinado con un principio y un final claros. Se trata de al menos dos décadas durante las cuales Juárez se convirtió en un laboratorio social donde convergieron el cese de la actividad agrícola como fuente de ingreso, sustituida por la industrialización y la maquila, como resultado del Tratado de Libre Comercio de Norteamérica (North American Free Trade Agreement, NAFTA); el crecimiento demográfico derivado de eso, sin la adecuada planeación del espacio urbano; y el incremento en la actividad de los cárteles del narcotráfico, entre otras cosas.

En un intento de ordenar y comprender esos factores, y también como resultado de su comprensión de la situación, nació el primer libro de Sandra, *La fábrica del crimen*.[36] A partir de la historia de Vicente León, un joven de dieciséis años que asesina a sus padres y a su hermana y prende fuego a los cadáveres, la periodista revisa la historia reciente de Juárez y la manera en que la región se fue convirtiendo en un caldo de cultivo para la normalización de la violencia. El factor clave: la impunidad.

---

[36] México, Temas de Hoy, 2012.

■

Cuando uno llega en avión es más fácil distinguirlo: Ciudad Juárez es una mancha grisácea con esporádicos puntos verdes en medio del desierto café anaranjado. En esa planicie arenisca que se extiende por kilómetros hasta perderse de vista, y que sobre El Paso-Juárez se vuelve enjambre de desierto-casas-fábricas-montañas-fábricas-casas-más desierto, la línea que divide los dos países se ve clarita. En un día despejado, los cuatro puentes de cruce que conectan las dos ciudades se ven desde la altura como costuras que intentan mantener cerrada la herida. Del lado poniente hay una montaña que dice "Ciudad Juárez. La Biblia es la verdad. Léela". Ése, por supuesto, es el lado mexicano.

En la ciudad la violencia aumentó desde 1993. De un año a otro, las estadísticas registraron un incremento que pasó de cincuenta y cinco a más de ciento veinte homicidios. El ascenso se mantendría a partir de entonces y no volvería a ceder. En 1997 hubo casi doscientos cincuenta asesinatos en la ciudad, la mayoría de ellos a partir de la muerte del narcotraficante Amado Carrillo Fuentes, conocido como "El Señor de los Cielos", quien se convirtió en cabeza del Cártel de Juárez en 1993 cuando su predecesor, el ex policía judicial federal Rafael Aguilar, fue asesinado. Desde entonces los homicidios entre la población en general se dispararon.

Ésos son los años de la explosión demográfica y el crecimiento económico en la ciudad. De una localidad mediana, Juárez se convirtió en la capital de la industria maquiladora de México durante la última década del siglo XX. Decenas de empresas trasnacionales subcontrataban a otras que, a su vez, enviaban autobuses con reclutadores a diferentes estados del sur del país específicamente para traer a decenas de miles de personas que, a un ritmo de casi cien mil por año, se sumaron a la laboriosa y bulliciosa vida fronteriza. La población aumentaba a tasas nunca registradas en ninguna otra parte de México. Juárez se convirtió en un "paraíso" del empleo en la década en la que, paradójicamente, se perdieron miles de fuentes de trabajo en el campo debido a la competencia que representaron los agricultores de Estados Unidos, subsidiados por su gobierno, tras la entrada en vigor del NAFTA en 1994. La situación parecía conveniente para todos:

la maquila generaba empleo para los mexicanos y para las grandes empresas trasnacionales resultaba un negocio redondo: mientras en Estados Unidos pagaban salarios de doscientos dólares semanales, los sueldos de sus empleados en Juárez eran de sesenta dólares. Para millones de personas en el país, la maquila y el narco se convirtieron en las únicas fuentes de empleo.

Juárez era la capital de ambas industrias, aunque de la segunda no se hablara abiertamente. Las maquiladoras fueron "vendidas" en el discurso oficial como el gran motor que mantenía el crecimiento de la economía a nivel nacional. En las plantas y fábricas instaladas en Juárez durante esa época, con grandes facilidades fiscales y arancelarias para los inversionistas, se producía cada pieza necesaria para ensamblar autos. Esas empresas necesitaban trabajadores, y los trabajadores representaban la dinamización y el crecimiento de la economía local: las necesidades de vivienda, transporte, alimentos, escuelas, servicios, comercio, entretenimiento y medios de comunicación de la creciente población se convirtieron en una invaluable oportunidad para quienes desearan invertir en el lugar. "El dinero fluía y podía verse en la imparable construcción de naves industriales, plazas comerciales y, principalmente en el suroriente, de desarrollos habitacionales con miles de casas para los trabajadores de las fábricas", narra Sandra en su libro. "Había además miles de vehículos nuevos y viejos circulando por las calles, y casi todos podíamos poseer uno gracias a que en Estados Unidos se desechaban por millones. Por lo demás, casi todos nos divertíamos cada noche en decenas de bares y restaurantes llenos. Aún era posible ver turistas norteamericanos".[37]

Sin embargo, sobre la ciudad se ceñía también la marca de la desigualdad que acompañó a la euforia productiva y comercial de la industrialización con un crecimiento demográfico no planeado, atravesado por el negocio del narcotráfico. Medio millón de personas se encontraron de pronto viviendo un caserío construido al pie de las montañas promotoras de la Biblia como salvación, entre barrancos y calles polvosas, sin pavimento. Los servicios básicos, como el

---

[37] Sandra Rodríguez Nieto, *op. cit.*

agua potable, el drenaje y la energía eléctrica, tardaron años en llegar. Grandes extensiones llenas de arena y basura, remanentes de lo construido, separaron esa zona del otro lado, el suroriente, "como islas en un mar de tierra baldía y desechos".[38] El tránsito a pie para ir a trabajar de un lado a otro de la ciudad empezó a representar una dificultad, y en el corto plazo, un riesgo.

A la evidencia física de que la ola de desarrollo económico que llegó a Juárez no estaba representando un beneficio para quienes vivían en la ciudad, se sumó la espiral de violencia de esos años, reflejo de los desajustes sociales y políticos. Entre 1993 y 1997 más de ciento cincuenta mujeres habían aparecido asesinadas y abandonadas en diferentes zonas de la ciudad y los terrenos desérticos que la rodean. Esa otra oleada fue ampliamente difundida en los medios locales, encendió todas las alertas de los sectores feministas y en 1997 saltó a la opinión pública nacional, más tarde a la internacional, con el nombre de "las muertas de Juárez". "La brutalidad con la que habían sido aniquiladas y la forma en que sus cuerpos fueron abandonados, en la arena, como basura, evidenciaban ya la existencia de un desprecio por la vida humana cuyas implicaciones y lecciones, como sociedad, no alcanzamos entonces a comprender", razona Sandra respecto a esa época, en la cual también se empezaba a colar en el tejido social de Juárez el concepto del "levantón": la privación ilegal de la libertad a una persona "a punta de pistola, casi en silencio", en su domicilio, al salir del trabajo, al ir por la calle. Así ajustaban los grupos delictivos sus cuentas pendientes. "Tampoco entendimos de qué manera nos afectaba a todos otro fenómeno extremadamente violento que para ese 1997 también era frecuente: el secuestro de los hombres, que había ocurrido a cientos de familias, varias de clase media, cuyos miembros un día simplemente llegaron a sus casas y las encontraron revueltas, con los cajones abiertos, la ropa en el suelo y rastros de que alguien se había llevado por la fuerza al hijo, al padre, al esposo o al hermano, a quienes jamás volverían a ver."[39]

---

[38] *Idem.*
[39] *Idem.*

Para 1997 el narcotraficante Amado Carrillo Fuentes controlaba el área. Hacía honor a su apodo, "El Señor de los Cielos", debido a la flota aérea de la que disponía para el traslado de drogas a gran escala desde Colombia. Era sabido que su cártel contaba con la protección del Ejército Mexicano, de policías de todos los niveles de gobierno y de políticos de todos los signos partidistas. Ese conocimiento popular hacía que la ciudad se mantuviera en silencio y que los hombres "levantados" fueran vinculados en el discurso público con las actividades delictivas de esos grupos. En el imaginario colectivo, los hombres desaparecían porque "en algo andaban". Los casos de las mujeres, en cambio, no tenían una explicación.

En su papel de observadora de la vertiginosa transformación de la ciudad desde su doble papel de habitante y reportera, Sandra Rodríguez Nieto se frustraba ante la falta de indicios sobre quiénes podrían ser los responsables, pero tenía observaciones precisas sobre las posibles causas. "Una cosa me parecía clara, y era que el aspecto físico de la ciudad era más que propicio para que alguien cometiera un crimen. Bastaba ver los espacios vacíos que abundaban para entender lo fácil que sería ser blanco de un ataque sin que alguien pudiera prestar auxilio o siquiera escuchar los gritos". Lotes baldíos y dunas eran los sitios en los que empezaron a aparecer huesos femeninos. "Las mujeres morían por ser pobres y por tener que caminar entre espacios inhóspitos, y los hombres por trabajar en el narcotráfico. Por tal motivo, no todos nos sentíamos en peligro ni comprendíamos de qué forma esos crímenes pudieran relacionarse con el resto de lo que ocurría en la ciudad."[40]

En julio de 1997 murió Amado Carrillo Fuentes mientras le realizaban una cirugía plástica en Ciudad de México. Empezó entonces la lucha por "la plaza" entre grupos del crimen organizado: asesinatos a la luz del día y en espacios públicos, aparición de cadáveres en los mismos espacios. La multiplicación de los muertos y la normalización de la muerte que no tiene culpables. "En la inmensa mayoría de los casos, conocer el motivo de los crímenes ha sido un privilegio

---

[40] *Idem.*

exclusivo de los asesinos", explica Sandra. "Para los familiares de las víctimas y la sociedad han quedado meros indicios, siempre insuficientes para recrear, explicar y comprender la magnitud de la destrucción humana que se ha estado produciendo."[41]

Sobre ese proceso, Sandra conversa con José Luis en esta segunda entrevista en El Paso. Escucha con atención las preguntas, las piensa dos veces antes de responder, en ocasiones sonríe con una mueca que tiene un poco de condescendencia hacia aquellos que, por muchos detalles que se les dé, difícilmente entenderán lo que han sido esos años. Más tarde, José Luis me dirá que durante la primera entrevista Sandra se encontraba más relajada. Mientras observo su charla, a mí también me da la impresión de que la periodista está un poco tensa. Hace unos meses terminó su relación de ocho años con *El Diario*. Esta charla me parece un poco como su recuento, su corte de caja. "Hay cosas que siguen ocurriendo en la ciudad y que siguen sosteniendo la estructura de una sociedad criminal, un Estado corrupto. Si bien ya no está explotando la violencia porque la dinámica del conflicto territorial [entre grupos del crimen organizado] se acabó, todos los elementos que alimentan la violencia y que vimos ahí están: la corrupción, la impunidad, el tráfico, el negocio y la permisividad. Si volviera a hacer un libro de Juárez, lo haría con otros elementos, pero la misma tesis: el Estado corrupto es la impunidad, la falta de castigo en todos los sentidos; es la corrupción en todos los órdenes lo que está generando esto."

Sandra habla sobre el sistema de procuración de justicia mexicano; sobre cómo la reforma penal anunciada en 2004 y puesta en marcha en 2008, que buscaba eliminar la burocracia y la corrupción en la impartición de justicia, para Ciudad Juárez representó la reducción de dicho sistema a un aparato de policías, peritos y agentes del Ministerio Público incapaces de presentar evidencias de probables

---

[41] *Idem.*

responsables: para 2010, se presentaban pruebas en sólo tres de cada cien asesinatos. Tres de cada cien. De los restantes noventa y siete crímenes, los reportes oficiales señalan no contar con ninguna prueba o pista. Cuando entre 2008 y 2010 fueron asesinadas más de siete mil personas tan sólo en Juárez y la ciudad se convirtió en la más violenta de México, se presentaron indicios contra presuntos sospechosos en menos de doscientos casos.

De acuerdo con la descripción de Sandra, el único trabajo consignado es el que realizan los peritos: la hora en que fue localizada la víctima, la forma en que cayó al suelo, descripciones, datos sobre la necropsia, entrada y salida de las balas, detallado registro de cada herida, de a veces cientos de tiros. Pero eso es todo. En la mayoría de los casos no se buscan más pistas o testigos del asesinato. No se interroga más que a los familiares, y casi siempre para conocer un solo dato: ¿a qué se dedicaba la víctima? Si hay indicios para suponer que en algún momento de su vida tuvo contacto directo o indirecto con alguno de los muchos eslabones de la cadena del narcotráfico, la investigación intentará, tal vez, establecer el grupo criminal que podría estar implicado en el asunto; y entonces es finiquitado. De todos los casos, 97% quedan ahí, sin más explicación que una guerra entre narcotraficantes; con un Estado que bajo ese argumento evade su obligación de procurar justicia. La vida convertida en una estadística: un asesinado más.

José Luis y Sandra hablan de los centenares de historias que ella narró como periodista en aquellos años, algunas de las cuales terminaron en su libro, y de cómo eso le ayudó a entender la causa y la consecuencia de esa serpiente que se muerde la cola llamada impunidad. "Creo que lo que aprendí en Juárez es a estar pendiente de estas estructuras corruptas, de estas instituciones debilitadas. Por ejemplo, a nivel nacional, hay que ver a la Procuraduría General de la República (PGR). Lo que vi aquí en Juárez, los índices de impunidad, hay que verlos a nivel nacional", —advierte Sandra, y me hace recordar la hipótesis que ya antes me ha expuesto Carlos Spector: cualquier pueblo es México chiquito. Hay que entender quién y cómo maneja el poder para entender las estructuras de la corrupción a mayor escala. Y continúa Sandra: "¿Cuántas investigaciones de lavado de dinero hay en el país? Lo que se veía en un microcosmos, trasladarlo al escenario nacional, vigilando las instituciones y sus procedimientos fallidos, porque todo es un proceso y se puede medir. Y evidentemente es fallido. Entonces, hay que ubicar en dónde falla la cadena. Obviamente es en la averiguación previa. Obviamente es el Ministerio Público. Creo que el problema de la corrupción se repite en todo el país, y la impunidad, y la falta de castigo a los crímenes."

Sandra luce un poco cansada y José Luis se da cuenta, así que la entrevista llega a su fin. Antes de cerrar, la periodista lanza una conclusión. "Si viéramos la lección de Juárez, sería: pues atentos al sistema de procuración de justicia, porque un país que no castiga el delito jamás lo va a parar. No lo castigamos porque sabemos que las instancias están hechas para no castigar. Por la corrupción."

PEDIR JUSTICIA

JUSTICIA

DESDE EL OTRO LADO

A NITZA PAOLA ALVARADO ESPINOZA la secuestraron el 29 de diciembre de 2009. Una camioneta de militares se la llevó, junto a su primo José Ángel y su prima Rocío Irene. Los primos fueron detenidos por elementos de la Secretaría de la Defensa Nacional mexicana (Sedena), es decir, del Ejército Mexicano, en el municipio de Ejido Benito Juárez Buenaventura. Los tres trabajaban en empresas maquiladoras en Ciudad Juárez. A Nitza y José Ángel los detuvieron juntos, y a Rocío en un operativo aparte. En ninguno de los casos los militares presentaron una orden de detención, y hasta la fecha se desconoce su paradero.

Nitza Paola tenía tres hijas: Mitzi y Nitza, gemelas, entonces de trece años de edad, y Daisy, de once años. La última vez que las niñas Alvarado vieron a su mamá fue la mañana de ese 29 de diciembre.

Conocí a las hermanas Alvarado a principios de agosto de 2014 en la ciudad de El Paso. Tenían menos de un año viviendo ahí. A casi cinco años de la desaparición de su madre y sus tíos, el resto de la familia se había estado moviendo de ciudad en ciudad dentro de México para huir de la intimidación de la que fueron víctimas cuando exigieron justicia para sus desaparecidos. Al final, todos vinieron a pedir asilo político a Estados Unidos. El caso lo tomó Spector.

Las hermanas Alvarado son pura dulzura. Esbeltas, de tez clara, cabello largo castaño y rostros redondos de sonrisa infantil, las tres tienen un andar erguido y ligero que las hacer verse aún más joviales. Sin embargo, hay una característica que las tres —Mitzi y Nitza,

entonces de dieciocho años y cursando el último grado de preparatoria; y Daisy, de dieciséis, en segundo grado— comparten: esa tristeza en la mirada, aun cuando sonríen, que voy identificando en cada
persona que ha perdido a un ser querido a manos de la violencia. Las
niñas Alvarado, como suele llamárseles entre los grupos activistas
que se han vuelto su entorno cotidiano, primero en México y ahora
en Estados Unidos, han pasado una tercera parte de su joven vida
exigiendo que se esclarezca la desaparición de su mamá.

Las niñas Alvarado vivían en Ciudad Juárez. Su núcleo familiar
estaba compuesto por su madre Nitza Paola, sus abuelos maternos y
ellas tres. Durante el fin de año de 2009, todos viajaron a un poblado
cercano, Ejido de Benito Juárez, para reunirse con otros parientes
a pasar las fiestas. El grupo celebró la Navidad y se preparaba para
despedir el año, cuando ocurrió lo que Nitza describe como "la tragedia de mi familia". El 29 de diciembre llegó José Ángel y pidió a Nitza
Paola que lo acompañara a la casa de su esposa. Cuando se acercaban
al lugar, llegó el comando del Ejército Mexicano que los interceptó,
los detuvo y se los llevó. Quienes vieron la escena la describieron: una
decena de militares uniformados bajó de sus camiones, los golpearon,
los "levantaron". "Los bajaron a la fuerza, golpearon a mi tío y a mi
mamá la bajaron de su camioneta a la fuerza", relata Nitza en el tono
plano de quien ha tenido que contar la historia muchas veces y en
cada una intenta no pensar mucho en lo que está diciendo. Afuera
se siente el calor del verano tejano, pero nosotros conversamos en
la atmósfera fresca de la biblioteca de la casa de los Spector, donde
me reciben las hermanas. Y es que desde hace nueve meses las niñas
Alvarado viven con el abogado, su esposa Sandra y su hija Alejandra.
"Cuando empezaron a llevárselos, nuestros familiares se quisieron
meter, preguntar por qué se los habían llevado, pero les dijeron que
se tiraran al piso", continúa Nitza. "A los niños los encerraron y a la
familia de José Ángel la empezaron a golpear."

Una vez que el grupo se marchó llevando a los dos detenidos, quienes se encontraban en el lugar intentaron seguirlos, pero
las camionetas militares se metieron por brechas y se perdieron. Lo
siguiente que se supo fue que un operativo similar ocurrió en la casa
de Rosa Irene, y que se la llevaron del mismo modo: a los niños los

metieron al baño, a Rosa Irene le arrancaron a su hija de los brazos y se la llevaron consigo.

Obdulia, la esposa de José Ángel, fue la encargada de llegar a la casa de los Alvarado Espinoza con la noticia. Ahí empezó una lucha que aún no termina.

Como pasa con cada familia que ha tenido que enfrentar la desaparición de uno de sus miembros, al dolor de lo ocurrido se sumó la frustración causada por la ineptitud de la burocracia mexicana y la indiferencia, en el mejor de los casos, aunque, en otros, de abierta complicidad de las autoridades a cargo de la impartición de justicia. Al día siguiente, el 30 de diciembre, María de Jesús, hermana de Nitza Paola y tía de las niñas, se dirigió a la ciudad de Casas Grandes, donde les dijeron que habían visto la camioneta de su hermana. En las declaraciones de quienes dieron testimonio de lo ocurrido esa noche se asegura que los secuestrados fueron llevados a esa ciudad y que pasaron la noche del 29 de diciembre en el 35 Batallón de Infantería. "En ese entonces iban los militares y se instalaban en el pueblo", cuenta ahora Mitzi, complementando el relato que inició su hermana. "Entonces empezaron a llevarse gente, fueron los mentados levantones del sexenio de Calderón. Era cuando estaba el [Operativo] Conjunto Chihuahua para que estuviera mejor la ciudad. Estaban instalados los militares y se llevaban gente, pero la regresaban pronto; la torturaban mucho y después a los dos o tres días la tiraban en los ranchos, en las cercanías, así —describe la chica con la naturalidad de quien creció viendo el abuso y la impunidad como algo cotidiano—. Así que cuando pasó esto, nosotros pensábamos que iba ser lo mismo con mi familia, que a los pocos días iban a aparecer. Los testigos que los vieron en las instalaciones militares iban saliendo y mi mamá y mi familia entrando; llevaban la cara tapada, pero los testigos no; vieron a dos mujeres y un hombre, y sí, eran ellos."

Con esa información, la tía María de Jesús fue a preguntar por sus familiares, pero en el centro militar se los negaron. Preguntó por la camioneta de su hermana porque le habían dicho que la habían visto ahí, pero le dijeron que no era cierto, aunque después se supo que estaba en la parte posterior del cuartel. El siguiente paso fue ir a la (PGR), a seguir la cadena de presentación de denuncia, tras denuncia, tras denuncia. En una ocasión, María de Jesús y la mamá de José Ángel se encontraban esperando afuera de una oficina, cuando escucharon que un par de empleadas hablaban de la familia Alvarado Espinoza; un comentario en el que se insinuaba que algo le había pasado a uno de ellos. Cuando se dieron cuenta de que los familiares estaban escuchando, interrumpieron la conversación. Para María de Jesús eso era un pequeño pedazo de información adicional; de pedazo en pedazo, la familia fue reuniendo datos y esperanzas para continuar con la búsqueda.

Treinta y cinco días después de su desaparición, el 3 de febrero de 2010, la mejor amiga de Nitza Paola avisó a la familia que acababa de recibir una llamada. El número del cual le llamaban correspondía a Ciudad de México. Según el testimonio de la amiga, la madre de las Alvarado sólo pudo decir que no sabía dónde estaba, pero pidió que la siguieran buscando, que estaba viva. Mitzi cuenta lo que pasó como si ella misma hubiera escuchado la conversación. "Se escuchó que la descubrieron que estaba hablando y unos hombres dijeron 'esta hija de puta ya habló, les dijimos que no la dejaran sola'. Nomás se escuchó que dijeron eso y colgaron. De ahí no supimos nada. Mi familia hizo la denuncia otra vez para que investigaran esa llamada, y así es como supieron que salió de la cárcel de mujeres de Santa Martha Acatitla, en la Ciudad de México, pero el gobierno dijo que no era ella, que alguien desde allá adentro había intentado extorsionarnos, y se cerraron todas las líneas de investigación."

Tan pronto la familia de las Alvarado se percató de la magnitud de lo que el secuestro significaba, se activó una red entre los mismos parientes para dar prioridad a la protección de las niñas. Entonces, Nitza, Mitzi y Daisy iniciaron un éxodo que las llevó a vivir en varios sitios de México: a la ciudad de Cuernavaca, en el estado de Morelos, durante seis meses; después a Hermosillo, en el estado de Sonora, por dos años y medio; de vuelta en Chihuahua por un breve periodo, hasta que la familia completa terminó pidiendo asilo en Estados Unidos. "La decisión de irnos de Ciudad Juárez la tomó mi familia cuando empezamos a recibir llamadas telefónicas para intimidarnos después de que hicimos las denuncias", cuenta Mitzi. "Se escuchaban gritos de hombres y mujeres, se escuchaba una motosierra. Empezaron este tipo de cosas, y mi tía dijo 'No, no podemos exponerlas a ustedes'. Nos fuimos a Morelos, sólo con mi abuelita y con una tía que ni siquiera conocíamos. Desde ahí nos cambió la vida a nosotras."

Tras haber pasado toda su infancia siendo parte de un núcleo familiar extenso, para las niñas Alvarado Cuernavaca, viviendo ahí sólo ellas tres con su abuela, representó perder contacto con todo lo que había sido su existencia hasta entonces. No hablaban por teléfono con nadie porque temían que los aparatos estuvieran intervenidos y pudiera conocerse su paradero. Extrañaban a su tía María de Jesús, quien era muy cercana a ellas, pero ella encabezaba las denuncias ante el gobierno y por tanto evitaba el contacto con sus sobrinas. La vida familiar y la vida social como la conocían desapareció.

El 10 de mayo siguiente, fecha en que en México se celebra el Día de las Madres, María de Jesús fue a Ciudad de México como parte de las pesquisas de la investigación sobre su hermana. Las niñas viajaron para verla, pero pudieron estar juntas sólo por treinta minutos. "Nos dijo 'Estoy bien, tengo que seguir buscando a su mami, no se desesperen, las quiero mucho, pronto la vamos a volver a ver'. Y nos regresamos a Cuernavaca", dice Nitza, con un gesto que no obstante haber pasado cuatro años denota dolor. "Estábamos nosotras solas, estábamos muy chiquitas, y extrañábamos a mi tía. No parábamos de llorar."

La situación estaba siendo dolorosa para las jóvenes hermanas y la familia se dio cuenta, así que decidieron que se mudarían todos a la ciudad de Hermosillo, para estar juntos. Al mismo tiempo, como parte de la estrategia diseñada por las organizaciones activistas, María de Jesús estimó que sería conveniente que las niñas la empezaran a acompañar a las reuniones; de esa manera las haría partícipes de la búsqueda y así entenderían por qué el proceso estaba resultando tan tardado.

Las cosas se complicaron para la familia debido a que el caso empezó a resonar entre las organizaciones activistas de Chihuahua y en algunos medios de comunicación. Llamaba la atención la historia de tres niñas que se habían quedado sin su madre, representadas por la abogada Luz Estela Castro Rodríguez, mejor conocida como Lucha, fundadora del Centro de Derechos Humanos de las Mujeres

(Cedehm). A pesar de eso, o tal vez justamente por eso, el acoso no cesó. Mientras las niñas estaban en Cuernavaca, la casa familiar en Benito Juárez, donde sucedió el secuestro, fue rodeada en varias ocasiones por agentes federales y municipales en un evidente intento de intimidación. "Lo de Nitza Paola ocurre en la misma época en la que empiezan a arrestar y a desaparecer a la gente en esa zona. Parte de la represión del Ejército consistía en torturar a personas durante los interrogatorios, y eso es lo que pasó con los Alvarado Espinoza", explica Carlos Spector. Estamos en la sala de su casa, esperando a Sandra y a Alejandra, que han salido a comprar algunas cosas. Las niñas Alvarado nos acompañan, así como su abuela, quien vive en la ciudad de Odessa, Texas, y ha venido a visitarlas. "Tras la desaparición, y sin que hubiera antecedentes de lucha social en la familia, la propia familia y otros testigos empezaron a acusar al Ejército" continúa Spector. "El pueblo vio lo que ocurrió y la familia entera empezó a protestar, a presentar quejas ante la Comisión Nacional de Derechos Humanos (CNDH), ante la PGR, a tal nivel que el movimiento de desaparecidos en Chihuahua empieza realmente con este caso, de la mano de Alma Gómez Camino y Lucha Castro. Ellas empiezan, a partir del caso de la familia Alvarado Espinoza, un movimiento estatal, y además se unen al movimiento de los desaparecidos en México."

"No nos daba miedo", me diría más tarde Nitza, con mucha serenidad, parpadeando con calma. "Nos daba gusto ir con la fuerza necesaria para buscar la justicia y la verdad. No solamente por mi familia, sino por las otras personas desaparecidas. Nosotras éramos y somos 'las niñas' que iban buscando a su mamá; mi hermana Mitzi y yo éramos las más chiquitas entre gente adulta."

Nuevamente llegó el 10 de mayo, pero esta vez de 2011, y a diferencia del anterior, las hermanas Alvarado tuvieron un papel protagónico en la conmemoración por las madres desaparecidas. Durante una manifestación organizada por un centro de derechos humanos de Ciudad de México, Lucha Castro decidió que serían Mitzi y Nitza quienes hablarían en nombre de todos los desaparecidos del estado de Chihuahua. Nitza aún se emociona cuando lo recuerda. "Empezamos a decir el nombre de todos los desaparecidos, y fue algo fuerte para nosotras ir diciendo cada uno de los nombres y que la gente nos respondiera '¡Presente!'. Cuando terminó eso, estábamos emocionadas, pero en eso llegaron los medios y nos atacaron con entrevistas y entrevistas", y al contar eso, la ansiedad de aquellos momentos vuelve a su rostro. "Nos empezaron a hacer unas preguntas... —pone cara de frustración, le tiembla un poco la voz—. 'Si estuviera aquí tu mamá, ¿qué le dirías?', 'Si estuvieras pasando el 10 de mayo con ella, ¿qué le regalarías?'"

Hace una pausa, se desespera. Se le hace un nudo en la garganta. Levanta un poco la voz. Se da cuenta de que lo está haciendo, y trata de modularla. "Qué preguntas tan tontas, ¿por qué nos preguntaban eso?", indignada, continúa. "¡No la tenemos, la estamos buscando! ¿Cómo voy a pensar en qué le regalaría? Lo único que quiero es tenerla conmigo. Cuando la licenciada [Lucha Castro] se dio cuenta de lo que pasaba, canceló las entrevistas. No estábamos preparadas. Fue muy fuerte para nosotras."

Lo que ese incidente evidenció fue no solamente la incapacidad de los periodistas para entender la historia y ser empáticos con las hermanas Alvarado, sino también el enorme estrés y dolor que las chicas aún sentían y que no habían podido procesar. A las pocas semanas, iniciaron sesiones de terapia psicológica familiar; más tarde, con un terapeuta especializado en jóvenes, y después sesiones de terapia individual. A los pocos meses, el cambio era notable; las chicas acudían a las reuniones de las organizaciones de familiares de desaparecidos con más frecuencia y participaron cada vez más.

El 10 de mayo de 2012, el tercero sin su mamá, se encontraron con los integrantes de Hijos México, el capítulo mexicano de Hijos e Hijas por la Identidad y la Justicia contra el Olvido y el Silencio, organización creada en Argentina por hijos de desaparecidos y presos políticos para exigir justicia en sus casos y para preservar la memoria histórica. "Ellos nos ayudaron mucho", dice Nitza con evidente afecto por la organización. "Tienen años buscando a sus papás. Nos motivaron, nos dieron fuerza. Pensar que si ellos llevan tantos años y siguen ahí, en la búsqueda, y mi mamá no lleva tantos, nosotros podemos acompañarlos en su búsqueda y ellos en la de nosotros."

Durante ese periodo, y tras dos años de permanecer en Sonora, la familia decidió regresar a Chihuahua. La situación económica era difícil para una familia de once integrantes: la tía María de Jesús y su esposo, sus cuatro hijos, sus tres sobrinas, más los abuelos maternos tenían que sobrevivir con el ingreso del tío. María de Jesús empezó a trabajar también, pero parte de su tiempo estaba destinado al cuidado de los siete chicos y a avanzar en el caso de su hermana. Dado que otros parientes de la familia se encontraban en Chihuahua, el regreso parecía hacer las cosas más fáciles para todos. Sin embargo, una vez que volvieron a su tierra, los ataques aumentaron. A un hermano de José Ángel lo atropellaron, entraron a su casa y la saquearon. En el pueblo aparecían personajes que rodeaban las calles y adoptaban una actitud amenazante contra el resto de los miembros de la familia que aún se encontraban ahí.

En los meses siguientes, y gracias a la movilización de la familia y el apoyo de las organizaciones, el caso de la familia Alvarado Espinoza llegó a la Corte Interamericana de Derechos Humanos (CIDH). La Sedena aceptó que el Ejército estaba involucrado en las desapariciones, "pero en lugar de brindarnos protección, lo que hacían era hostigarnos", dice Mitzi. "No podíamos salir, en la escuela no podíamos estar a gusto. Cuando viajábamos, mi tía le hablaba a Lucha Castro y le decía: 'Voy a pasar por el retén de los militares. Si no salgo en quince minutos, quiere decir que ahí quedé'. Ya no estábamos seguros. Y cuando empezamos a recibir amenazas, decidimos pedir el asilo político."

La familia Alvarado Espinoza se entregó en uno de los puentes que conecta Ciudad Juárez con El Paso el 3 de septiembre de 2013.

Recorrer el camino que lleva del lado mexicano al estadounidense puede resultar intimidante. Mientras uno va caminando, en la mente dan vueltas las preguntas que los agentes de inmigración probablemente harán, de las cuales, en el caso de quienes piden asilo, depende literalmente el resto de su vida. Una respuesta que parezca no ser la correcta, un dato que resulte inverosímil, un argumento mal planteado, puede cerrar la puerta del lugar al que se busca llegar para poder seguir con vida.

Los Alvarado Espinoza llegaron juntos a la garita. María de Jesús tomó la palabra: "Venimos a pedir asilo político", le dijo al agente de inmigración, mostrando los paquetes de documentos legales que con la asesoría de Lucha Castro y de Carlos Spector ya llevaba preparados. Los oficiales miraron al grupo. La tía repitió: "Venimos por asilo político".

Lo que siguió fue el inicio del protocolo que para unos resulta un poco más corto pero para otros representa apenas un atisbo de lo que serán los siguientes meses: horas en salas de espera, en espacios confinados, respondiendo preguntas, sintiéndose sospechoso por todo, culpable de todo por haber sido víctima de algo. "Cuando llegamos nos hicieron malas caras los oficiales de aquí", recuerda Mitzi. "Nos dijeron que nos iban a separar, y nosotras preferimos que nos separaran a estar en México, ahí ni siquiera podíamos estar. Nos tomaron fotos, huellas, nos hicieron preguntas y nos querían desanimar."

"Nos tuvieron mucho tiempo ahí", agrega Nitza con un resabio de desesperación", "Nos empezaron a hablar uno por uno, a preguntarnos quiénes éramos. Nos metieron en unos cuartos y ahí duramos horas mis hermanas y yo, dos días y una noche. Pero sólo nosotras, porque al día siguiente de que llegamos le dijeron a mi tía que ella y mis abuelitos iban a salir. Pensamos que íbamos a salir todos, pero en eso vino una persona a decirnos: 'No, ustedes se quedan porque son niñas desamparadas'. '¡Oiga, pero qué dice! ¡No somos desamparadas!', le dijimos, '¡Venimos con mis abuelitos y mis tíos!'" Aunque eso era cierto, legalmente las hermanas Alvarado ingresaron a Estados Unidos como menores viajando no acompañadas por no ir con su tutor legal —la madre secuestrada cuya desaparición era el motivo de la solicitud de asilo—. Como el expediente legal estaba bien armado, tras sostener sus entrevistas de miedo creíble los adultos de la familia Alvarado Espinoza salieron en libertad para que les fuera iniciado su proceso de asilo, mientras que las tres hermanas se quedaron ahí un día más. Por la noche del segundo día, les ofrecieron un espacio para bañarse y les dijeron que al día siguiente saldrían muy temprano a un albergue para menores en la ciudad de Phoenix, Arizona. "Cuando nos dijeron que los demás se iban y nosotras nos quedábamos, empezamos a llorar, pero cuando nos dijeron que nos íbamos a ir a un albergue fue lo peor. Nos asustamos, nos imaginamos un albergue como los de México, y nosotras pensamos que no, qué miedo", dice Mitzi en referencia a los albergues para migrantes que se encuentran con frecuencia en la franja fronteriza, a donde llegan lo mismo quienes han atravesado México para intentar cruzar que quienes fracasaron en el intento y han sido deportados. "Nos sacaron con las manos atrás, nos llevaron a migración y ahí estuvimos con una señora que nos iba a llevar a Phoenix. Era la primera vez que nos subíamos a un avión. Íbamos asustadas, nerviosas. Cuando llegamos a Phoenix, los de migración nos entregaron con dos personas del albergue."

Las tres hermanas Alvarado fueron llevadas al albergue juvenil Hacienda del Sol, del Southwest Key Programs, uno de los seiscientos treinta y siete centros en el país que utiliza Immigration and Customs Enforcement (ICE) para transferir a sus detenidos. Aunque en general 40% de quienes son detenidos por ICE son de origen mexicano, en ese albergue en particular sólo 6% de quienes llegaron entre 2013 y 2015 eran de esa nacionalidad. En cambio, 64% de los chicos llegaron procedentes de Guatemala y 20%, de Honduras. Otras nacionalidades con porcentaje bajo fueron la salvadoreña, 6%, y la rumana, 3%. De acuerdo con datos oficiales, el tiempo promedio de permanencia de los jóvenes en Hacienda del Sol es de cincuenta y tres días.[42] "Nos trataron bien. Nos dijeron: 'Ya las estamos esperando'. Había muchos niños de Guatemala, de Honduras, de El Salvador. Nos dijeron: 'Ésta va a ser su nueva casa, no sabemos por cuánto tiempo'. Y llegamos al albergue, y sí, el trato fue muy bueno", —reconoce Nitza.

"Cuando nosotras llegamos, pensamos que nuestro caso era feo, como que no hallábamos qué hacer, pero cuando empezamos a pasar tiempo ahí, a convivir con los niños de ahí, nos empezaron a contar sus experiencias y no sabíamos ni qué decirles. Fue totalmente diferente", agrega Mitzi, en un acto de humildad. En otro momento me hablaría de algunas de las experiencias que otros niños compartieron

---

[42] TRAC, "Transfers of ICE Detainees from the Southwest Key Juvenile Center — Hacienda del Sol", 2015: http://trac.syr.edu/immigration/detention/201509/SWKYNAZ/tran/.

con ellas: violencia sexual intrafamiliar, maltrato físico, trata, reclutamiento por pandillas. "Cuando llegamos, había como cincuenta y cuatro niños. El albergue tiene capacidad para ciento treinta. Y cuando salimos, había como ciento veinticinco. Como se iban, llegaban. Impresionante. Era increíble, porque muchos de los niños no sabían ni qué era un baño ni cómo se tendía una cama, y ahí fueron aprendiendo. Nos ponían en grupos, de la A a la D, de los más inteligentes a los que ni siquiera sabían escribir y estaban aprendiendo ahí. Había unos que ni siquiera hablaban español, hablaban en sus dialectos, y no les entendíamos. Era algo muy difícil, porque tenían que aprender español e inglés."

Después de dos meses de estar en el albergue, las niñas Alvarado recibieron una buena noticia: la tía María de Jesús había conseguido la tutela sobre ellas y podían salir. Ahora iniciaría su proceso legal, pero en tanto podrían permanecer en Estados Unidos. Por el momento las amenazas, y Juárez, y México, quedaban atrás.

Les pido que me digan cuál es la última imagen que conservan de Juárez. Nitza me responde que su vida con su mamá, en su casa. Es la primera vez durante nuestra charla en que el llanto parece vencerla. "Nosotros en mi casa, con mi familia, con mi mamá haciéndonos de comer. Unas enchiladas, una carne asada."

"Para mí, mi última imagen de Juárez es mi casa con mi familia", dice Mitzi a su vez. "Es muy triste, porque nosotras la casa la abandonamos, la dejamos, y así está hasta la fecha: la ropa de mi mamá, su cuarto, así como estaba cuando se fue. Dejarla también nos causó mucha tristeza."

Nitza asegura con firmeza, por momentos más para ella misma que para mí, que su mamá va a regresar.

¿Cómo iniciar una nueva vida si no se han cerrado las heridas de la anterior, si no hay justicia? Desde el exilio, la impunidad duele. Para contrarrestar el dolor, en ocasiones seguir hablando se convierte tanto en una suerte de terapia como en una estrategia legal. Las chicas Alvarado son uno de los mejores ejemplos.

En el ámbito de la defensa de derechos humanos, y en particular en el caso de los desaparecidos por la violencia, el de Nitza Paola Alvarado Espinoza se ha vuelto icónico por dos razones. La primera, porque la presencia de tres niñas denunciando los atropellos de las autoridades federales y locales contra su madre ha logrado que el caso llegue con fuerza a medios de comunicación no sólo nacionales sino también internacionales. En su edición de noviembre de 2013, el diario *The New York Times* reprodujo una historia publicada inicialmente por *The Texas Tribune*, en cuyo titular se apunta directamente al Ejército Mexicano por su responsabilidad en la desaparición de Nitza Paola. La segunda razón por la cual el de Alvarado es único es porque fue el primer caso de violencia en México que llegó a la Corte Interamericana de Derechos Humanos. "La queja fue presentada inicialmente ante la Comisión Interamericana de Derechos Humanos, identificando al coronel Elfego José Luján Ruiz como implicado en la desaparición de Nitza Paola. Esto como resultado de las investigaciones hechas por las organizaciones que la presentaron", explica Carlos Spector. "De ahí pasó a la Corte, que aceptó hacerse cargo y lo presentó a los medios el 13 de agosto de 2013 con una crítica rotunda a la incapacidad o falta de interés del gobierno mexicano y del Ejército para cooperar en la resolución del caso. Y lo que vimos es que la respuesta del Ejército fue redoblar el hostigamiento a la familia Alvarado Espinoza, rodear la casa con cincuenta soldados, elementos de la policía federal, estatal y municipal. Obviamente, en ese momento la familia dijo 'Ya no podemos'. Si la respuesta a una crítica internacional es hostigamiento, no les quedaba otra opción. Entonces, vinieron huyendo, y fue cuando tomamos el caso. La forma en que se desarrolló es emblemática porque es una continuidad de la represión que vino en 2008, consistente en señalar y enfocarse en los derechohumanistas y en la gente que hacía 'ruido'. Una estrategia consistente con el regreso del PRI al poder federal en 2012, aplicando viejas tácticas: si éste es el caso más emblemático del país, nosotros vamos a callarlos y a demostrarles que ni así los van a ayudar."

Spector habla de las niñas Alvarado con admiración. Le sorprende la entereza que han tenido para seguir adelante con su vida y a la vez en la búsqueda de su madre, exigiendo justicia y organizando a otras personas. Le sorprende también su generosidad. Paradójicamente, ha sido la generosidad de los Spector la que ha permitido que las niñas Alvarado alcancen la estabilidad. Tan pronto la familia Alvarado —la tía María de Jesús, su esposo, los abuelos— fue puesta en libertad mientras avanzaba su proceso, la realidad de la vida en Estados Unidos los golpeó: la barrera del idioma, la falta de relaciones y de una red, la dificultad para encontrar un trabajo bien pagado y el alto costo de vivir en dólares. Cuando dos meses más tarde María de Jesús obtuvo la tutela de las tres hermanas Alvarado y se las entregaron, era evidente que las cosas podrían ser aún más complicadas económicamente. Los Spector se dieron cuenta y decidieron apoyar a la familia recibiendo a las tres niñas para permitirles ir a la escuela en El Paso. "Esa decisión jamás la habíamos tomado", dice Carlos, consciente de que al recibir a las chicas en su casa cruzó la línea que divide al abogado o al activista de aquellos para quienes trabaja. "Yo soy una persona muy privada, jamás contemplé que un día ofrecería mi casa a alguien, pero la familia Alvarado Espinoza es tan única, viviendo una situación histórica. Estas chicas son tan valientes, tan carismáticas, que para mí era imposible dejarlas así nomás. Las niñas tenían once y trece cuando desapareció la mamá. Cuando las conocí, a los quince y diecisiete años, ya eran veteranas del movimiento social mexicano duro. Ya habían participado en cabalgatas en Chihuahua para tomar el Palacio Municipal. Es increíble lo que han hecho y lo que han logrado los hijos de los desaparecidos en México. Ellas para mí representan la valentía, y a la vez nos recuerdan cuáles son las tradiciones mexicanas de lucha. Están aquí para enseñarle a la comunidad estadounidense que es un mito aquello de que lo que ocurre en México está pasando con la comunidad mexicana cruzada de brazos. Es todo lo contrario. Tenemos que aprender lo que están haciendo allá y cuáles son sus demandas."

"Ellos han sido como nuestros ángeles desde que llegamos aquí", me dice Mitzi en algún momento de la charla, sobre la familia Spector. "Nos han brindado su apoyo, estamos viviendo en su casa... no hay palabras. Estamos muy agradecidos con ellos", y lanza la sonrisa más bonita de toda la tarde.

De las tres hermanas Alvarado, la más reservada es Daisy. Es dos años menor que sus hermanas, aunque en la escuela va sólo un año atrás que ellas. Habla menos que las gemelas y un poco más rápido que ellas, pero cuando habla, lo hace de manera enfática, a pesar de que nunca levanta la voz. Mitzi relata que, tras la desaparición de su mamá, fue Daisy quien enfrentó el mayor reto para expresar lo que sentía. No hablaba y sólo lloraba. Sus hermanas la abrazaban, le pedían que dijera lo que pensaba, y terminaban llorando con ella.

Paradójicamente, cuando las tres hermanas iniciaron la que sería su vida cotidiana en El Paso, Daisy fue la que se adaptó más rápido. Desde luego, las tres se enfrentaron al reto que le espera al que cruza la frontera para quedarse un largo tiempo: llegaron sin saber inglés y a las gemelas no las querían aceptar en la preparatoria por tener más de dieciocho años. Cuando lograron que las aceptaran, descubrieron que no tenían un solo amigo y que no conocían la dinámica de la interacción social. Además, la mayor parte de su familia sigue en México. Algunos, los que tienen visa, ocasionalmente van a verlas, pero hay otros que no pueden y ellas tampoco pueden ir a visitarlos. "Dejamos familia, amigos, todo. Todo lo dejamos en México. Aquí vinimos a empezar de cero", dice Mitzi.

Para Daeisy, las cosas son "un poco diferentes", pero encuentra aspectos positivos: hay muchos mexicanos en su escuela, ya que, como es habitual en la dinámica de las ciudades fronterizas, hay quienes viven en el lado mexicano y cruzan durante la semana para ir a estudiar a Estados Unidos. Lo que sí le extrañó al principio fueron los cambios en la dieta; describe "un pay. pero con pollo adentro, con verduras, cosas así" para explicar el tradicional *pot pie* estadounidense, un plato que no se acostumbra en México. Pero más allá de eso, a Daisy le parece que la gente ha sido solidaria con ellas. "Nos preguntan por nuestra historia y muchos se quedan sorprendidos, porque no creen que eso pase realmente. Muchas veces en las noticias sale lo que pasa en México, pero no creen que eso pueda ser verdad. Cuando nos escuchan, nos dan todo su apoyo. Mucha gente piensa que al venirte a Estados Unidos ya te libraste de todo y ya no vas a hacer nada, pero al menos nosotras seguimos buscando a mi mamá y no vamos a parar hasta encontrarla. Seguimos haciendo protestas, marchas, presión al gobierno. Para que en México y en Estados Unidos se sepa qué pasó con ellos."

Nitza refuerza esa idea y asegura que es lo que les ha dado fuerza para sobreponerse a todo lo demás, los pequeños retos diarios que implica empezar a vivir en Estados Unidos. "Teníamos muchos miedos, pero nos decíamos a nosotras mismas: tenemos un problema más grande, a nuestra mamá desaparecida, ¿qué puede ser peor que eso? Y estamos aquí. No nos puede afectar una escuela o un idioma si ahora tenemos una lucha más importante con el gobierno", afirma, decidida, agitando la cabeza con un gesto de obviedad.

Le digo que me llama la atención esa frase: *tenemos una lucha con el gobierno*. "Sí, nuestra lucha es con el gobierno", reitera. "Ellos fueron los que nos afectaron a nosotras, los que se llevaron a mi familia. Nosotras estamos luchando contra ellos para que nos entreguen a mi familia. Los tres niveles de gobierno, la policía, los militares, los federales, los municipales. Todo es lo mismo. Cuando pasó lo de mi mamá, los tres niveles de gobierno rodeaban nuestra casa para intimidarnos. Los militares iban a nuestra casa, veían nuestros carros; les preguntaba un vecino por qué los estaban viendo, y respondían que estaban buscando vehículos robados", entrecierra los ojos, con un asomo de rabia. "¿En nuestra casa, cuando acababa de pasar lo que había pasado? Pues obvio que no. De alguna u otra forma nos querían intimidar para que no hiciéramos nada, para que no buscáramos, para que nos calláramos. Pero ni el miedo nos detuvo. Queríamos justicia."

Ese tema, el de la justicia, provoca una gran indignación en Mitzi. Sabe que el culpable del secuestro de su mamá, el coronel Luján Ruiz, ya está detenido en Ciudad de México, "pero no por lo que hizo a mi familia, sino por otros delitos", dice airada. "A pesar de que está detenido, el gobierno no hace nada para investigar. No entendemos. El 29 de diciembre de este año se van a cumplir cinco años, y el gobierno no ha hecho nada. Pero no nos damos por vencidas. Vivimos por nosotras, pero también para que si un día regresa mi mamá, nos vea que seguimos adelante, que continuamos con nuestra vida. Tenemos testimonios de personas que han sido secuestradas por años y que han salido. Nosotras decimos 'A mi mamá la secuestraron, va a cumplir cinco años', pero hemos escuchado testimonios de gente que dice 'Yo duré siete años. Yo duré veinte años', o 'Yo logré escapar pero se quedaron más personas'. Nos ponemos a pensar: ¿y si entre estas personas está mi mamá? Tenemos que seguir buscando para encontrar a la nuestra, y también a otras personas. Porque será una gran satisfacción encontrar a la nuestra o encontrar a la de alguien más."

Le pregunto a Mitzi, ahora que está por terminar la preparatoria, en dónde y cómo se imagina dentro de diez años. "Exitosa", responde sin titubear. "Terminando la carrera. Quiero estudiar Derecho, yo creo que por lo que nos ha pasado... no sé, me gusta. Desde que estábamos en Chihuahua nos gustó mucho el trabajo que hacía la abogada. Siempre hemos participado en cosas así, en marchas y protestas buscando a mi mamá, pero también a los demás desaparecidos. Nos damos cuenta de que no somos las únicas; muchas personas están pasando por lo mismo. Creo que debido a eso me gustaría estudiar eso."

Nitza coincide. "Yo creo que es por lo que hemos vivido que admiro mucho el trabajo de los abogados. Quiero ser como Carlos, que es de inmigración. Quiero ayudar a las personas que, como yo, han pasado cosas así."

Al final de nuestra tarde juntas, pido a las hermanas Alvarado que me digan con una palabra cómo se sienten respecto a México y cómo en Estados Unidos. Las tres coinciden en describir a México como "violencia". Sobre Estados Unidos, me dicen "paz", "tranquilidad" y "seguridad".

Antes de irme, comento con Spector la intensidad con la que las tres expresan su deseo de seguir luchando por la justicia de este lado de la frontera. Sin duda hay mucho de la influencia del abogado en esa voluntad. Carlos asegura que el mejor apoyo que se puede dar a quienes luchan por encontrar a sus desaparecidos en México, por lograr que se haga justicia, es a través de la presión internacional de la comunidad mexicana. Lo que están haciendo las hermanas Alvarado a su corta edad. "Ellas jamás habían salido de Ejido Benito Juárez Buenaventura, y hoy ya han hecho presentaciones mayores en

Houston, San Antonio, Austin, y su historia apareció en el *New York Times*. Están en la portada de los reportes de desaparecidos a nivel internacional. Perdieron dos años de escuela, pero ahora están en la preparatoria y empiezan a aprender inglés porque quieren ser abogadas", Carlos hace una pausa, se conmueve visiblemente. "Cuando dijeron eso, supe que éstas son las hijas que me faltaban. Mi hija las ha adoptado como hermanitas, y ellas siguen buscando a su mamá con la esperanza de encontrarla. Representan lo mejor de México. Las niñas Alvarado Espinoza son un tesoro nacional que México ha tirado a la basura."

DETENER INMIGRANTES COMO NEGOCIO

"**B**UENAS TARDES. Soy Delmy, le estoy hablando del centro de detención."

La voz de Delmy Calderón llega hasta a mí desde Texas, donde seguramente, como aquí en California, donde estoy, ya se siente la Navidad. He esperado la llamada toda la mañana, así que no me sorprende el timbre del teléfono. Lo que no esperaba era escuchar una voz tan débil al otro lado de la línea. Puede ser porque en el momento de nuestra llamada Delmy, junto con otras nueve mujeres detenidas en el mismo sitio, llevaba tres días en huelga de hambre. Puede ser también porque después de casi seis meses la angustia empezaba a ganar terreno. "Estoy desesperada. A veces siento que ya no puedo más", pronuncia esas palabras con una voz quebrada que me hace temer que pronto se interrumpirá la llamada. En el centro de detención no aceptan llamadas desde el exterior para los internos, así que he tenido que dejar un mensaje para ella y depositar dinero en una cuenta de Western Union vinculada a la línea telefónica del propio centro de detención para que, cuando tuviera oportunidad Delmy me llamara usando el crédito en esa cuenta. "No salgo de aquí porque no es seguro volver a mí país, pero no sé cuánto tiempo más voy a aguantar."

Delmy tiene cuarenta y dos años y es parte de los ochocientos detenidos para los cuales tiene cupo el centro de detención de inmigrantes de El Paso, conocido oficialmente como Centro de Procesamiento: un complejo de edificios, ubicado entre un campo de golf y el aeropuerto de la ciudad, en el que personas sin documentos que han sido arrestadas en territorio estadounidense por agentes de inmigración se han entregado voluntariamente, o se entregan en alguna de las garitas de ingreso al país y son trasladadas allá, pidiendo una visa humanitaria o asilo político y esperan la resolución de un juez para quedar en libertad o para ser deportados a sus países de origen. La mayoría llega de México, pero es común encontrar personas de países centroamericanos e incluso de China, India o Australia.

Delmy es originaria de El Salvador, donde vivía con sus cuatro hijos y tenía un restaurante. Aunque sin abundancia, su familia tenía una situación económica estable, de manera que nunca pasó por su mente venir a Estados Unidos sino hasta julio de 2013, cuando integrantes de la pandilla MS 18 le pidieron dinero por dejarla operar su negocio. Delmy respondió que le era imposible dar la cantidad solicitada; los extorsionadores amenazaron con agredir a su familia. Una semana antes, un vecino había sido asesinado por el mismo grupo. Ella decidió cerrar el negocio y emprendió el camino hacia el norte. Tras cruzar la frontera estadounidense fue arrestada por la Patrulla Fronteriza. Delmy explicó su situación, pidió asilo, y unos días más tarde tuvo la entrevista con un juez para establecer su *credible fear* o miedo creíble, la presentación de argumentos por los cuales el solicitante de asilo afirma temer por su vida en caso de volver a su país. A Delmy se le escuchó, se consideraron válidos sus argumentos y le fue asignado el expediente A# 206-181-257.

De acuerdo con el protocolo de asilo vigente en Estados Unidos, una vez que ese paso es acreditado, inicia propiamente el proceso legal, que como se sabe, debido al cuello de botella en las cortes de inmigración puede demorar hasta siete años: a finales de 2016 había más de medio millón de casos de asilo pendientes para los doscientos setenta y siete jueces de inmigración que había en ese momento en todo el país.[43]

---

[43] Tras la llegada de Donald Trump el número de jueces ha aumentado. Hasta agosto de 2018 el número se acercaba a los trescientos cincuenta: https://immigrationforum. org/article/fact-sheet-immigration-courts/. El objetivo de la administración Trump es llegar a los quinientos. La información actualizada se puede encontrar en https:// www.justice.gov/eoir/eoir-immigration-court-listing.

Durante el tiempo que tarda en llegar su caso a una corte, los solicitantes permanecen en Estados Unidos, y si no cuentan con antecedentes penales ni representan un riesgo para la seguridad nacional, son puestos en libertad con un permiso de trabajo temporal. A ellos se les considera como "de baja prioridad". Una vez finalizado el proceso y si el asilo procede, se les otorga una residencia; si el asilo les es negado, son devueltos a su país.

Tras ser acreditada la presentación de miedo creíble de Delmy, en septiembre fue llevada al centro de detención de El Paso, en donde lo que procedería sería que, dada su calidad de solicitante de baja prioridad, un juez la pusiera en libertad en cuestión de días. Sin embargo, pasaron las semanas y continuaba detenida. Fue entonces que, faltando una semana para la Navidad, decidió iniciar su huelga de hambre.

Casos como el de Delmy no son excepción. Días antes de nuestra llamada telefónica, integrantes de DreamActivist, una organización nacional de jóvenes indocumentados que realizan acciones de desobediencia civil para pedir la aprobación de una ley que regularice su estatus migratorio, "infiltró" ese centro de detención. Santiago García, miembro de la agrupación, se hizo detener el 21 de noviembre entregándose a la autoridad migratoria con la finalidad de reportar desde el interior la situación que viven quienes pasan semanas, a veces meses, detrás de las rejas en espera de una resolución de su caso.

En una conversación telefónica similar a la que tendría un mes después con Delmy, Santiago me contó algunas de las cosas que iba encontrando. Había al menos cien casos similares, personas que ya habían acreditado el miedo creíble ante un juez pero seguían tras las rejas. "En estos días he encontrado gente que desde hace meses podría salir bajo palabra; llevan hasta nueve meses detenidos y muchos de ellos no saben que legalmente ya podrían estar afuera", me confió el chico, entonces de veintitrés años, desde del centro. "Esta gente no viene por el sueño americano, vienen porque han tenido que dejar todo para salvar su vida por la violencia o por su orientación sexual. Si los deportan, les espera la muerte en su país."

La decisión de DreamActivist de denunciar los casos no resueltos del centro de detención de El Paso surgió a partir de la experiencia que vivieron algunos de sus integrantes un par de meses antes, en septiembre, con la acción conocida como #Dream30: una treintena de jóvenes indocumentados que, habiendo crecido en Estados Unidos, volvieron a México debido a una deportación sólo para encontrar que en el ambiente de violencia en el país sus vidas corrían peligro. Los jóvenes se entregaron entonces en la garita de Laredo, Texas, solicitaron asilo y fueron trasladados al centro en El Paso. Pero en esa ocasión ocurrió algo extraordinario: la totalidad de sus casos se desahogó en menos de un mes y medio. Los chicos, sorprendidos de que sus casos fueran resueltos más rápido que los de otros internos, ubicaron la diferencia en el trato hacia ellos entre lo político y lo económico, e incluso lo mediático. "Creemos que en nuestro caso, como se dan cuenta de que tratamos de organizar a la gente que está adentro explicándoles cuáles son sus derechos, y como además los medios de comunicación llaman para preguntar sobre nuestros casos, nos liberan lo más pronto posible", me dijo Santiago, quien fue puesto en libertad en menos de dos semanas estando con el estatus de baja prioridad.

Muy diferente fue para Brenda Castro, entonces de veintitrés años, quien junto con Delmy fue una de las diez mujeres participantes en la huelga de hambre a finales de 2013. En octubre de ese año Brenda tuvo que dejar su vida en Ciudad Juárez debido a las amenazas recibidas por su hermano Santos, de veintiún años. Santos fue testigo de un asesinato en un negocio cerca de su casa; en el suceso recibió una herida de bala y eso lo llevó al hospital y a tener que declarar sobre lo ocurrido. Poco tiempo después, la familia recibió un mensaje: los matarían a todos. La familia no lo pensó dos veces: Brenda, Santos, la esposa y la hija recién nacida de éste, así como sus padres, acudieron a la garita fronteriza para pedir asilo. A su madre, su cuñada y a la bebé las dejaron en libertad, pero Brenda, Santos y su padre seguían detenidos mes y medio después a pesar de haber acreditado el miedo creíble a principios de noviembre. "Yo me puse en huelga de hambre para ver si así me dejaban salir pronto", me explicó Brenda, también vía telefónica. Delmy se encargó de pasar la voz entre sus compañeras para que supieran que había una periodista interesada en su caso. "Dicen que si dejas de comer y empiezas a ponerte mal se apuran a soltarte, porque no quieren que alguien se les vaya a morir aquí."

Rosario Hernández, de cuarenta y seis años y también naci-da en Juárez, fue la tercera mujer con la que charlé. Su historia era similar a la de Brenda: un día, su yerno recibió una visita de hombres armados que le avisaban que toda la familia sería asesinada. Los Hernández acudieron a las oficinas de la Policía Judicial, pero ahí les dijeron que lo único que podían hacer era levantar una denuncia. "Les dije que si hacía eso venían y nos remataban", me dijo Rosario con voz firme, un poco más compuesta que sus compañeras. "Y entonces fueron los propios agentes los que nos aconsejaron entregarnos a las autoridades de Estados Unidos. Vinimos, pasamos las entrevistas y el miedo creíble el 15 de septiembre, y mire: tres meses después, y aquí seguimos."

Tras hablar con las mujeres que realizaban la acción de protesta, atendió mi llamada Leticia Zamarripa, portavoz del centro de deten-ción, que a su vez depende del Servicio de Inmigración y Control de Aduanas (Immigration and Customs Enforcement, ICE). Zamarripa fue amable y accesible, reconoció estar al tanto de las denuncias rea-lizadas por DreamActivist y por otras organizaciones activistas pero, especificó, los tiempos de detención de quienes ahí se encuentran no dependen de las autoridades locales sino directamente de USCIS, del cual también forman parte los jueces a los cuales les son asignados los casos. Es decir: el papel de quienes atienden los centros de detención de inmigrantes es administrar las consecuencias del cuello de botella de las cortes de inmigración federales.

De acuerdo con las normas del propio USCIS, los casos van siendo turnados a cada juez con base en su carga de trabajo, de ma-nera que formalmente no existe un parámetro temporal específico para su atención, aunque la mayoría de los abogados de inmigración coinciden en que un margen de tres semanas suele ser la norma para otorgar la libertad bajo palabra en otras jurisdicciones, como Arizona u otras áreas de Texas. "Eso tendría que ser así, pero además de la carga en las cortes de inmigración, hay un asunto más", me contaría Santiago García unos meses después. "Quienes operan los centros de detención están ganando dinero con la gente que tienen ahí. Reciben fondos federales por cada persona, y mientras más tiempo se quedan, más dinero reciben."

Lo que el chico me explicó tras su experiencia en el centro de detención es un asunto que se ha dicho tanto en voz baja como a grandes voces durante la última década: el gobierno estadounidense gasta más de dos mil millones de dólares al año en la detención de inmigrantes indocumentados a nivel nacional. Esa cifra se duplicó durante los últimos ocho años. Por cada día que un interno está detenido, el operador de las prisiones recibe al menos ciento sesenta y cuatro dólares, y hasta doscientos noventa y ocho dólares cuando se trata de los centros de detención familiar. En el caso del centro de detención de El Paso, el monto diario se multiplica por los ochocientos detenidos del lugar: más de ciento treinta mil dólares al día por mantener entre cuatro muros a quienes buscan salvar su vida.

—

Durante los últimos veinte años, el sistema de detención de inmigrantes de Estados Unidos ha aumentado sus números drásticamente, pasando de menos de diez mil camas en 1999 a treinta y cuatro mil en 2014 —cifra que más o menos se ha mantenido hasta 2018—[44] alojadas en doscientos cincuenta centros de detención. Durante casi una década el Department of Homeland Security ha mantenido un promedio de trescientos mil a trescientos cincuenta mil inmigrantes en detención en todo el país. Siete de cada diez de esos detenidos lo han estado en una prisión CCA-CoreCivic, la empresa de operación privada de centros de detención más grande de Estados Unidos desde hace treinta y cinco años años, o bien en una de GEO Group, la segunda mayor agencia correccional.[45]

Con sede en Nashville, Tennessee, CCA-CoreCivic cuenta con más de quince mil empleados. En el año fiscal 2018 reportó ingresos

[44] https://www.detentionwatchnetwork.org/issues/detention-quotas y https://www. detentionwatchnetwork.org/sites/default/files/reports/Banking%20on%20Detention%202016%20Update_DWN,%20CCR.pdf. El detalle de las asignaciones de presupuesto por el Congreso para detención de inmigrantes se puede consultar en https:// www.congress.gov/114/plaws/publ4/PLAW-114publ4.pdf.

[45] https://www.detentionwatchnetwork.org/issues/financial-incentives.

de mil doscientos millones de dólares y obtuvo ganancias de ciento treinta y seis millones,[46] de los cuales la mayor parte provino de contratos con el gobierno pagados con dinero de los contribuyentes. Durante el año fiscal 2017, el presidente y director ejecutivo del corporativo, Damon T. Hininger, quien tiene un salario superior a ochocientos ochenta mil dólares anuales, percibió un total de dos millones doscientos setenta mil dólares, que incluyen bonos y compensaciones en tres distintos rubros.

Por su parte, GEO Group, con sede en Boca Raton, Florida, y fundado hacia la misma época que CCA, es la empresa más fuerte en el mercado internacional, con casi cien centros de detención y dieciocho mil quinientos empleados tanto en Estados Unidos como en otros países, de acuerdo con su información corporativa. Llamado en sus inicios Wackenhut Corrections Corporation, GEO Group tiene un historial similar al de su competencia en términos de cabildeo y ganancias. En 2017 reportó ingresos de quinientos cincuenta millones de dólares y ganancias de treinta y cinco millones de dólares.[47] Su presidente y director ejecutivo, George Zoley, tiene un salario de un millón ochenta mil dólares; sin embargo, considerando las compensaciones, durante 2017 sus ingresos superaron los tres millones de dólares.[48]

En conjunto, ambas corporaciones reciben ingresos superiores a los tres mil millones de dólares al año, de los cuales al menos dos mil millones provienen del dinero de los contribuyentes. Eso es posible a partir de una política implementada por primera vez en la ley de presupuesto de egresos de 2007 de Estados Unidos, conocida como la *quota* (cuota) para centros de detención. La previsión requiere que Immigration and Customs Enforcement mantenga un número mínimo de detenidos cada año a fin de garantizar que las corporaciones que hacen una inversión para estar a cargo de los centros obtengan

---

[46] http://ir.corecivic.com/static-files/627564a7-c196-4034-8c0f-f66512b23838.

[47] https://seekingalpha.com/article/4166228-geo-group-inc-2018-q1-results-earnings-call-slides.

[48] https://www.bloomberg.com/research/stocks/people/person.asp?personId=313007&privcapId=338018.

la debida ganancia. La medida no sería posible sin el intenso cabildeo realizado durante años por los propios corporativos: la organización Detention Watch Network (DWN) encontró que en 2013 los grupos de intereses de GEO Group invirtieron 1.2 millones de dólares para convencer al Congreso de actuar a su favor. La compañía también invirtió ochocientos ochenta mil dólares en firmas de cabildeo externo.

In the Public Interest (ITPI), un centro de documentación sobre concesiones y privatización con sede en Washington, D.C., ha analizado los contratos de las prisiones privadas para identificar un patrón. ITPI encontró que 65% de los contratos de centros de detención privados incluyen una cláusula de garantía que requiere que se pague al contratista entre 80% y 100% de la cuota de ocupación total, aunque haya celdas vacías. Es decir, haya o no haya arrestados, la empresa cobra. En los contratos, ese mecanismo recibe el nombre de *low-crime taxes* (impuesto de baja criminalidad) y a través de él con las aportaciones de los contribuyentes se garantiza que las corporaciones no pierdan sus ganancias. Los estados de Arizona, Louisiana, Oklahoma y Virginia son los que tienen los contratos con la garantía de ocupación más alta, entre 95% y 100%.

DWN afirma que la cuota promueve que el trabajo de los agentes de inmigración se enfoque en ciertas poblaciones para llenar las celdas de los centros. "Establecer una cuota [...] pone un precio a la vida de los inmigrantes [...] los trata como números o productos que deben ser comprados y vendidos, no como gente real con hijos y seres amados que dependen de ellos", denuncia la organización en uno de sus reportes.

En la medida en que la información ha circulado, otras organizaciones se han sumado a la exigencia de que el negocio de detener inmigrantes deje de impactar a quienes han puesto su vida en pausa en espera de un proceso legal justo. El National Immigrant Justice Center (Centro Nacional de Justicia para Inmigrantes), una organización de defensa de derechos humanos, emitió en 2014 una serie de recomendaciones que incluyen la eliminación de la cuota y la detención de personas con base en su situación individual, así como se sustituya la detención por mecanismos alternativos, como el monitoreo remoto, lo cual permitiría a los individuos permanecer con sus familias mientras se resuelve su situación jurídica. El asunto es que, por la operación de un mecanismo alterno, como el uso de brazaletes electrónicos de monitoreo, un contratista cobraría entre setenta centavos y diecisiete dólares al día, muy lejos de los más de ciento sesenta dólares por individuo en un centro de detención. Los números hablan.

Tal vez si el asunto fuera sólo dinero, las organizaciones verían agotados muy pronto sus argumentos contra la industria de la detención de inmigrantes, pero tanto GEO Group como CCA enfrentan un historial de denuncias por maltrato, violación de derechos humanos, explotación laboral y falta de transparencia, algunas de las cuales han resultado en sanciones económicas para los corporativos y en el cierre de instalaciones. En cuanto a CCA, el episodio más conocido es el del T. Don Hutto Residential Center, en Texas, que funcionó como "residencia familiar", es decir, como centro de detención para familias con niños, hasta 2009, cuando la administración Obama lo cerró tras la presión de activistas que documentaron y denunciaron las condiciones en las que vivían los menores, como el uso de uniformes de prisión para niños y la falta de acceso a la educación y a la atención médica. Respecto a GEO Group, el trabajo de la empresa está marcado por el Coke County Juvenile Justice Center, también en Texas, que fue cerrado en 2007 tras descubrirse irregularidades, como el exceso de uso de gas pimienta para "controlar" a los internos, la falta de programas educativos, el hallazgo de heces en las celdas, comida insalubre e infestada de insectos y falta de personal suficiente para cubrir las necesidades de la operación. Años antes, el centro enfrentó la demanda de doce familias por "violación múltiple de menores realizada por adultos". Hubo sanciones para un par de empleados y un arreglo económico con las familias, pero ningún funcionario fue castigado. Una de las víctimas, violada a los quince años, se suicidó el día que se concretó el arreglo económico.

Datos de DWN indican que de 2003 a 2016 ciento sesenta y cinco personas murieron en centros de detención de inmigración, principalmente por enfermedades cardiacas, circulatorias o complicaciones respiratorias, aunque también hay muertes por fallas renales, cáncer y ahorcamiento. Las organizaciones de monitoreo de prisiones privadas han denunciado la falta de prevención y tratamiento adecuado de enfermedades dentro esos centros. En el mismo periodo, CCA-CoreCivic y GEO Group han gastado en conjunto más de treinta y dos millones de dólares en cabildeo en el Congreso, según la organización Grassroots Leadership. Ese cabildeo le tocó incluso a la administración Obama, cuya primera gran acción contra esos corporativos, el cierre del T. Don Hutto Residential Center, se diluyó durante su segundo periodo: el proyecto de expansión de los centros de detención para familias migrantes con niños incluye ahora dos nuevos centros, uno en Karnes y otro en Dilley, ambos en Texas. El primero fue asignado a GEO Group y el segundo a CCA-CoreCivic.

———

¿Qué hace un detenido en un centro de detención de inmigración durante todo el día? Quienes se encuentran ahí tienen una rutina que va del comedor al dormitorio: 6:30 am, 11:30 am y 4:30 pm son las horas en las que se sirven alimentos; tras la comida, se regresa a la cama. Pero quienes desean escapar de esa rutina tienen una alternativa: el programa de trabajo voluntario remunerado dentro del centro de detención.

De acuerdo con los lineamientos de ICE, el programa fue diseñado para dar a los internos "la oportunidad de ganar dinero" y para que el "efecto negativo del confinamiento sea disminuido a través de reducir el ocio, elevar la moral y reducir los incidentes violentos". Los internos pueden, de manera completamente voluntaria, trabajar en la cocina, en la limpieza de los dormitorios o en la de los baños. El pago por su trabajo es de un dólar al día; una ganga para el que los "contrata", considerando que el salario mínimo en Estados Unidos es de 7.25 dólares por hora. La ironía es que algunos de quienes están ahí, y que terminan "trabajando" para el gobierno federal, han sido detenidos porque fueron descubiertos trabajando sin un permiso legal para hacerlo. Para las organizaciones que monitorean la operación de las empresas que administran el sistema de detención de inmigrantes, la creación de ese programa está lejos de tener una perspectiva de derechos humanos y obedece a un mecanismo para recortar gastos e incrementar ganancias.

El 22 de octubre de 2014 varias personas que estuvieron detenidas en el Immigration Detention Center Aurora, en Colorado, operado por GEO Group, presentaron una demanda contra la empresa por haberlos utilizado como mano de obra barata o gratuita durante el tiempo que permanecieron recluidos. Los demandantes Alejandro Menocal, Marcos Brambila, Grisel Xahuentitla, Hugo Hernández, Lourdes Argueta, Jesús Gaytán, Olga Alexaklina, Dagoberto Vizguerra y Demetrio Valerga, detenidos y ex detenidos encarcelados y empleados por GEO Group, presentaron a nombre propio y a nombre de otros en situación similar la demanda por salarios no pagados y trabajo forzado, además de enriquecimiento ilícito a su costa.

Como de acuerdo con los lineamientos de ICE el trabajo que realizan quienes deciden participar en el programa es voluntario, no ha existido ninguna medida legal que frene su aplicación. Ésta es la situación que busca cambiar la demanda a partir de la denuncia de prácticas de explotación y trabajo forzado. GEO Group, por toda respuesta, ha declarado a través de su portavoz que sus instalaciones se adhieren a las normas y los estándares del gobierno federal.

En el texto de la demanda se señala que "en el curso de su empleo en GEO, los demandantes y otros individuos limpiaron baños, regaderas, retretes y ventanas [...] limpiaron los pisos y los enceraron, lavaron la ropa sucia y la de las instalaciones médicas, prepararon la comida de los detenidos, arreglaron el jardín" y una serie de tareas adicionales además de limpiar su propia celda. El monto que recibieron durante el tiempo que realizaron ese trabajo fue de un dólar al día, sin posibilidad de negarse a realizarlo; quienes se rehusaron fueron enviados a confinamiento solitario. En el caso de la limpieza de la propia celda, ésta se realizó sin pago de por medio. Considerando el monto del salario mínimo federal, por cada cuatro horas de trabajo de un interno los corporativos que manejan los centros de detención se ahorran 28 dólares en salarios.

El 27 de febrero de 2017, ya con la administración Trump en marcha, el juez federal a cargo del caso determinó como procedente establecer una demanda de clase contra GEO Group que podría incluir hasta a sesenta mil inmigrantes detenidos en instalaciones de la empresa durante la última década.

CUARTA PARTE

Aquí estamos

VOLVER A VIVIR

L A VIDA EN FABENS transcurre a su propio ritmo. A medida que uno avanza hacia el este por la Autopista 10 van quedando atrás las calles pavimentadas de El Paso, su ritmo de ciudad mediana y sus diversos estilos arquitectónicos —Tudor Revival, Classical Revival, Queen Anne, Spanish Colonial Revival—, para dar paso a esa parsimonia que se ciñe sobre la zona rural-desértica de construcciones sencillas que caracteriza al extremo más al oeste de Texas. El aire se siente más denso, la vista se nubla ligeramente con un polvito arenisco y en la radio algunas frecuencias pierden nitidez. El polvito, que se vuelve nube cuando uno marcha por las calles terregosas de Fabens, es la marca que ha quedado en mi memoria cuando pienso en mis visitas a las trailas de esa población. Las historias de exiliados que reinician su vida en Texas tienen como telón de fondo el silencio de desierto y de vida abriéndose paso, en proceso de reconstrucción.

Sentado a la mesa del comedor de su casa, Martín Huéramo me recibe para charlar sobre su salida de Guadalupe, su llegada a Fabens, su reencuentro con Saúl y sobre cómo le ha hecho para volver a vivir. La traila de Martín, una estructura en mejores condiciones que la que consiguió Saúl, cuenta con muebles más o menos nuevos y está decorada con fotografías de sus hijos. Martín, como Fabens, no tiene prisa. Momentos antes de sentarnos a conversar, mientras preparaba un café me relató cómo entre él y su esposa le fueron haciendo arreglos a la traila, señalando aquí y allá mientras hablaba, los muros, el piso, las ventanas. Era enero de 2014 y hacía frío, así que antes de instalarse en la mesa se aseguró de que el calentador eléctrico estuviera funcionando.

La presencia de Martín es fuerte, pero su gesto es siempre amable: esa sonrisa suya. Habla con orgullo de su casa, de las mejoras que le han hecho, y para hablar de eso necesariamente debe hablar también de los obstáculos que ha enfrentado en los cuatro años que lleva viviendo aquí. Porque dejar el lugar de uno siempre es morir un poco, y cuesta volver a vivir.

Su primera frustración ocurrió cuando tuvo que llenar documentos por primera vez. No los entendía porque estaban en inglés, y se dio cuenta de que, además de preguntar a otras personas qué decía el documento, tenía que confiar en ellas para que le dijeran dónde escribir y qué poner. Martín preguntaba sobre el mismo documento a varias personas "para ver si me estaban diciendo la verdad." Y entonces llegó el segundo golpe: en Estados Unidos no puedes trabajar sin un número de seguro social porque eso es violar la ley, pero de algo tiene que vivir tu familia. Y no puedes manejar sin una licencia, pero en una zona como Fabens no tener un auto equivale a no tener trabajo, sobre todo en una actividad como la que realiza Martín. Así que, tras años de hacer las cosas de manera correcta, de considerarse un buen ciudadano, se vio de pronto en una encrucijada. "Aquí todo es un delito. No puedes hacer muchas cosas, pero las tienes que hacer porque la situación te lo exige", razona, y da un sorbo a su café.

Como los demás, Martín llegó preguntando cómo funcionaba el proceso para pedir asilo. En Guadalupe, además de trabajar en la construcción —sabe de cimentación, instalación de varillas, nivelación, electricidad, plomería, carpintería, soldadura y mecánica— era regidor, que es como se conoce a los miembros del cabildo local. Fue desde esa posición que le tocó enfrentar la llegada del año 2009, con sus extorsiones y el aumento de la violencia en el pueblo: primero llegaron las amenazas, más tarde mataron al presidente municipal y después a dos de sus compañeras de cabildo. Todos le dijeron que el que seguía en la lista era él, así que muy a su pesar tomó a su familia y llegó a El Paso.

Cuando empezó a investigar sobre el proceso de asilo, los abogados que consultó le dijeron lo que todo el mundo sabe: dado que

México es considerado un país democrático, los casos de asilo no son autorizados a ciudadanos mexicanos. Y quienes toman casos de asilo buscan que sean exitosos porque su nombre depende de ellos. Entonces, si vienes de México, es difícil encontrar un abogado que te represente. Uno de ellos incluso le aconsejó: "Ve al puente, saca un permiso para entrar, vete a cualquier lugar del país y quédate sin hacer ruido." Pero Martín no quería eso, y siguió buscando. "Este proceso es muy difícil, muy difícil", explica Martín. "Para probar mi situación ante el juez aquí en Estados Unidos, tuve que conseguir actas de defunción de las regidoras, del presidente municipal, y eso sólo se puede hacer en territorio mexicano, no a través del consulado. Pero entonces habría tenido que pedirle a alguien que lo hiciera por mí, y eso implica involucrar a terceras personas y ponerlas también en riesgo. No puedes estar pidiendo favores porque pones a esa gente en peligro. Y finalmente, cuando te entrevista un funcionario, es una persona que no te conoce, que no sabe nada", expresa esto último con un poco de amargura.

Si uno de esos funcionarios buscara saber algo sobre Martín, encontraría que, además de su trabajo en la construcción y en el sector de servicios, durante muchos años se dedicó a la vida activista y política de Guadalupe. Su amistad con la familia Reyes Salazar data de la época en que tanto ellos como él empezaron su activismo político en México, como militantes del PRD. Martín fue nombrado secretario del partido en Guadalupe cuando su presidente era Eleazar, el mayor de los Reyes Salazar. A la muerte de éste, Martín quedó como presidente interino. Junto con Saúl y Josefina diseñó la estrategia para derrotar al PAN, que llegaba con toda la fuerza que le daría el triunfo electoral del año 2000 a Vicente Fox, el primer presidente de México de ese partido tras setenta y un años de gobiernos del PRI. Fueron años de lucha y de ver caer a los compañeros en una espiral de resistencia, amenaza, alguna muerte y un nuevo intento de resistencia, hasta que en 2008 la cosa estalló: las amenazas fueron acompañadas por el asesinato de policías y balaceras a la presidencia municipal. Un día, aparecieron tres cabezas humanas frente al edificio, acompañadas de mantas con mensajes. Otro día, Martín recibió una advertencia directa: una persona se le acercó y le hizo un listado verbal de los trabajos que había realizado en los últimos meses y cuánto había cobrado por cada uno. "Usted tiene buenos hijos. Agarre ese dinero y váyase", le advirtió. "Quisimos apoyar a Calderón, pero no nos dio herramientas", explica, en una extraña necesidad de seguir justificando su salida del país, volviendo una y otra vez a esa parte de la historia, antes de hablar de su vida en Estados Unidos. "Asesinaron a la primera regidora y yo fui el único compañero que estuvo en el velorio, nadie quiso ir. Tres días después asesinaron a Patricia, la otra regidora. Mucha gente habló conmigo y me dijo: "Váyase, váyase", pero aun así yo no quería. Ahí había vivido toda mi vida, llegué a la edad de tres años, conocí a la gente. Hasta el día de hoy yo no considero que la gente que vivió en el Valle de Juárez merecía terminar de la forma en que terminó, porque Calderón alegaba que perseguía el crimen organizado. En el Valle de Juárez había tráfico de migrantes, tráfico de drogas, tráfico de fayuca. Había todo tipo de tráfico, pero era un flujo de cosas y de actividades que suceden a lo largo y ancho de toda una frontera, y eso no es culpa de un estado, de una familia o de una persona. Por eso yo no creo que la gente del Valle de Juárez merecía morir, menos de la forma en que fueron asesinados, acribillados, por ocurrencias de Calderón o del gobernador —hace una pausa larga, me ofrece más café—. Pero finalmente, de esa manera es como terminé viviendo en Estados Unidos. Hoy, a estas alturas, no me importa lo que pueda pasar más adelante, porque por lo que había luchado, la mentalidad que tuve quedó atrás. Perdí amigos, compañeros que considero que eran buenas personas, que fueron motivación para mí para yo tratar de vivir como ellos."

Una vez que Martín asimiló que tendría que reconstruir su vida con su esposa y sus hijos del lado norte de la frontera, empezó a buscar un sitio donde vivir. Tenía algunos ahorros, producto de su trabajo; a eso sumó lo que obtuvo tras la venta de una casa en el Valle de Juárez, y confiando en eso empezó a buscar un terreno para comprarlo y construir una casa. Sin embargo, al ver lo que cuesta un pedazo de tierra en Estados Unidos, se dio cuenta de que sus ahorros no le iban a servir de mucho.

Buscó entonces un sitio para rentar, pero no había. Una mujer que lo conocía desde que vivían en Guadalupe le ofreció prestarle una traila en malas condiciones. La tuvo que aceptar porque no tenía otro lugar a donde ir, pero a cambio él le hizo una serie de arreglos. Vivieron ahí durante seis meses. "Yo pensaba que en unos seis meses las cosas iban a cambiar en México. Incluso pensaba: 'Bueno, el día que se vaya Calderón las cosas tienen que cambiar'. Pero entró el 2010 y asesinaron a Josefina Reyes, a Rubén, a otros compañeros, y empecé a ver que las cosas no iban a parar."[49]

Fue entonces que volvió a pensar en el asilo. Entre las muchas preguntas que le hicieron los también muchos abogados que contactó, estaban las de por qué en lugar de a Estados Unidos no se había ido a otro estado de México, al centro o al sur del país. Martín se daba cuenta de que la gente en Estados Unidos no tenía idea de lo que se vive en México; que si él como regidor no había tenido respaldo del gobierno de Chihuahua ni del gobierno federal, menos lo tendría como exiliado en cualquier otro estado. "Yo sabía que irme al centro del país era llevar a mis hijos para que a futuro fueran unos grandes delincuentes. Delincuentes que si se preparan se van a hacer delincuentes de cuello blanco, pero que si no se preparan van a ser delincuentes de la calle. Eso es lo que yo quiero que Estados Unidos entienda, la magnitud del problema que ha creado el gobierno mexicano. Aquí en Estados Unidos permiten que una persona tenga armas y que defienda su hogar, que defienda su propiedad, y creo que es lo correcto. En México eso no está permitido. En México la Secretaría de la Defensa Nacional se encarga de regular las armas, pero el problema es que los mismos policías municipales tenían armas obsoletas, mientras que los delincuentes tienen las armas más modernas, que consiguen de contrabando, y el gobierno lo sabe. No hay manera de ganar."

Fue entonces cuando Martín reencontró a Saúl, y Saúl le habló de Carlos Spector. Martín le presentó su caso, y el abogado le dijo

---

[49] Un año y medio después de esta conversación en junio de 2015, el entonces alcalde de Guadalupe, Gabriel Urteaga Núñez, declararía al diario *Norte de Ciudad Juárez* que la población de Guadalupe ese año era de mil quinientas personas, en comparación con las diez mil que vivían ahí en 2005, antes de la llegada de Felipe Calderón al gobierno de México.

que tal vez se podía hacer algo. Ese mes de enero, en su oficina de El Paso, Spector le empezó a hacer a Martín las preguntas difíciles que probablemente le haría el juez, las que se les hacen a aquellos cuya historia no se conoce.

Cuatro años más tarde, y a pesar de todo, la familia Huéramo ha logrado acomodarse. Los hijos de Martín han pasado por altibajos, pero se adaptan a la escuela. Martín me muestra con orgullo las fotos del mayor, que juega en un equipo de futbol americano. Sin embargo, insiste, él mantiene la esperanza de que sus hijos no vivan "en un país que no es suyo", aunque la realidad indique que pasará mucho tiempo para que puedan volver. A Martín le pesa estar de este lado. "Nadie llega con ganas de quedarse", afirma como si fuera una verdad absoluta. "Una de las cosas que yo le dije a Saúl cuando lo encontré fue eso: en Estados Unidos hay que aprender a vivir. Nosotros vivíamos de otra manera y estando aquí había que aprender a vivir. Creo que sí se puede, pero hay que aprender."

Más adelante en la charla, con el segundo café y un poco más de confianza, me diría que una de las razones por las que se quedó en Fabens es porque quiere regresar a México. Que muchos de sus conocidos de Guadalupe ya no están ahí, que se fueron a Oklahoma a buscar cómo sobrevivir, a buscar un espacio mejor para sus familias. Que él no lo ha hecho porque no cree que California, Nevada o Utah sean la solución; que él se queda en Fabens a esperar el momento de volver. Siente que tiene que dejar a sus hijos en su patria, o al menos conseguir el asilo para ellos, y que sólo entonces podría morir tranquilo. Claro, no sería lo mismo que estar en su país, pero finalmente eso es lo que se puede por ahora. En ese punto de la charla, Martín ya tiene los ojos cargados de lágrimas. "Ahora lo entiendo... el haber nacido en este planeta no te da la garantía de que puedas vivir con libertad", se le ahoga la voz, se le mojan las mejillas. "Hay reglas, y aun cuando los hombres nacieron para ser libres, es difícil. Creo que el exilio es algo que los seres humanos estamos obligados a vivir. Yo soy cristiano, y si Cristo, el Hijo de Dios, vivió el exilio, nosotros, humanos que no somos dueños de nada, pues qué esperanzas tenemos en el mundo de no vivirlo. Es algo muy triste porque no sabes de dónde eres, a dónde vas y qué estás haciendo. Es difícil de aceptarlo porque te quieres adaptar al mundo y te das cuenta de que no eres del mundo."

La oficina de Carlos Spector se ha modificado en los últimos años, casi tanto como él. La casita de fachada color aguamarina, ubicada en el lado norte de la autopista que divide la ciudad de El Paso en dos, no ha cambiado su aspecto radicalmente en los últimos años, pero lo que ocurre dentro ha sido una revolución. En los estantes que sirven para guardar archivos, que en los últimos años han ido llenando habitaciones de la casa —la oficina de los abogados, la de los asistentes, la sala de juntas—, se acumulan expedientes en carpetas que son cada vez más gordas. Eso es señal de que los casos son complejos, o bien, que se han prolongado.

En una esquina no hay una carpeta, sino una caja que contiene uno de los expedientes más antiguos, y también de los más abultados. Es el de Cipriana Jurado, la primera derechohumanista mexicana a la que, representada por Spector, le fue concedido el asilo político en Estados Unidos.

Cipriana, mamá soltera de dos hijos, llegó a Ciudad Juárez a trabajar en las maquiladoras cuando tenía trece años de edad. Ahí fundó el Centro de Investigación y Solidaridad Obrera, que operaba desde su casa con trabajo voluntario para luchar por los derechos de los trabajadores y para denunciar e investigar los feminicidios en la ciudad. Cipriana era amiga de toda la vida de Josefina Reyes Salazar. Ambas empezaron casi juntas la lucha por los derechos humanos, y en 2007, cuando las primeras tropas enviadas por Felipe Calderón llegaron a Juárez, encabezaron protestas públicas para denunciar la desaparición, la tortura y el asesinato de personas de la zona. Vecinos y conocidos les pedían apoyo porque no sabían a quién más acudir.

Aunque en varias ocasiones intentaron intimidar a Cipriana, fue a partir de 2009, con su denuncia de la tortura y el asesinato de un activista, que llegaron los ataques directos contra ella. En varias ocasiones intentaron entrar a su casa, robaron documentos de su oficina, y uno de sus hijos, de entonces diecinueve años, fue seguido y amenazado mientras iba por la calle. Diversas organizaciones de defensa de derechos humanos, incluida Amnistía Internacional, le recomendaron pedir asilo político en Estados Unidos.

Como Martín, como Saúl, como la mayoría de quienes han tenido que tomar esa decisión, Cipriana no quería abandonar México. Se sentía responsable de las personas que trabajaban con ella y sentía la obligación de continuar ejerciendo presión contra el gobierno para resolver los cientos de asesinatos y desapariciones que la gente le había confiado. Pero entonces el hijo de Josefina fue asesinado. Cipriana vio el ataúd con el cuerpo del joven, y supo que el siguiente podría ser su hijo. En 2010, un grupo en Chicago la invitó a dar una conferencia sobre la violencia en Juárez; como su visa expiró en diciembre de ese año, no volvió a México. Una iglesia presbiteriana de Nuevo México la recibió, le ofreció apoyo económico y un lugar donde vivir, y su solicitud de asilo fue puesta en marcha. "Yo conozco a Carlos y a Sandra desde hace mucho tiempo, porque Sandra era sindicalista y a Carlos por su trabajo con los migrantes en El Paso", me cuenta Cipriana en una conversación telefónica desde su casa en la ciudad de Santa Fe, donde llevaba casi cuatro años viviendo con sus dos hijos, realizada en abril de 2014. "Cuando salimos de México, la idea era que nos quedaríamos en Chicago unos meses, pero la situación empeoró y yo, igual que mucha gente, tenía la idea de que si tú pedías asilo no ibas a poder regresar a México nunca. Yo salí del país sólo con mis hijos, pero aún tenía a mis hermanas en Juárez."

Y al igual que con Martín, fue cuando empezaron a asesinar a otros que habían trabajado con ella, incluida su entrañable amiga Josefina, que Cipriana tuvo que asumir que no podría volver. Se puso en contacto con Spector; él y Sandra viajaron a Santa Fe, e iniciaron el proceso. "Carlos me dijo que no iba a ser fácil, que era posible que me lo negaran porque, como ya sabemos, a los mexicanos no nos dan asilo político. Pero para sorpresa de Carlos y mía, el proceso fue bastante rápido; se sometió en enero de 2011 y para el 16 de marzo, el día de mi cumpleaños, tuvimos la primera cita. En junio nos avisaron que había sido aprobado."

El caso de Cipriana fue simbólico por muchos motivos. Además de ser el primer asilo político otorgado a una mujer mexicana defensora de derechos humanos, sentó un precedente para los siguientes casos. Pero lo que para algunos podría ser el final de la historia, para Cipriana, como para todos los que llegan a Estados Unidos en esa situación, fue el inicio de una vida no deseada y no sencilla. "Desde que llegas aquí todo es difícil. Una de las cosas más complicadas para mí fue tener que dejar mi casa, mi ciudad, mi familia; sacar a mi hijo de la escuela cuando ya había sido aceptado en la universidad, pero yo sin mis hijos no podía salir de Juárez. Mucha gente no se da cuenta de que estar en esta situación implica no sólo los problemas que tienes como mujer y activista, sino la situación que viven tus hijos: ellos no eligieron ser activistas, eso lo elegí yo. Mi hijo tuvo una depresión muy fuerte; afortunadamente pudimos controlar eso. Y luego yo me sentía mal, porque acá estaba segura, pero veía que allá seguían matando a una compañera, y luego a otra, y luego a otra. Te deprimes porque te sientes culpable de no estar ahí apoyando a tu gente, a tu familia, gente con la que has estado toda tu vida trabajando. A eso súmale que tienes que empezar de cero, porque te vienes sin nada, con lo que traes puesto y uno que otro papel. No tienes casa, no tienes donde vivir, y luego tienes que aprender cómo se mueve la economía aquí: si no tienes crédito, no puedes rentar un departamento, ni sacar nada de las tiendas. En México, mientas menos deudas tengas es mejor, pero aquí tener deudas, si pagas a tiempo, es bueno para tu crédito; eso nadie te lo dice, tienes que aprenderlo sobre la marcha."

Además del cambio de ciudad, de entorno y de las dificultades económicas, el gran reto para los exiliados en Estados Unidos tiene que ver con el idioma. Para Cipriana, ésa ha sido una de las cosas más complicadas. "Como uno nunca tiene la idea de venir a vivir a este país, no piensas en aprenderlo", me dijo intentando justificar su falta de bilingüismo. Esa carencia también implica que las opciones laborales se reduzcan. Cipriana ha hecho un poco de todo: limpiar casas, cuidar niños, hacer pozole y menudo, vender joyería, transcribir entrevistas. "Para mí ha sido difícil porque hay bastante desempleo. El idioma es un reto. Tienes que acostumbrarte a pagar la renta, porque allá como sea tienes tu casa y ya te acostumbraste a no hacer ese gasto. Y en México, si rentas y te atrasas un mes, puedes negociar con los dueños; acá no, o pagas las cuentas o las pagas. Aquí todo lo controlan compañías chiquitas y grandotas, no rostros. No hay humanidad, ellos sólo cobran sus intereses."

Aunque a su hijo le tomó un poco más de tiempo, tanto él como su hija ya están más adaptados. Cuando hablamos, Cipriana había empezado a tomar clases de inglés en un colegio comunitario, y a pesar de no estar en El Paso, se convirtió en uno de los pilares del proyecto en el que ha derivado el trabajo de Carlos durante los últimos años: Mexicanos en Exilio, una organización sin fines de lucro que formaliza los esfuerzos de los Spector y su equipo para dar asesoría legal sin costo a quienes buscan asilo y para ayudarlos a iniciar sus vidas en Estados Unidos. "Yo vi factible la organización en 2008, pero empecé a buscar a líderes porque sabía que el grupo no iba a crecer si no era liderado por miembros de la comunidad afectada", explica Spector sobre el proceso de construcción del grupo. "Sabía que la definición del carácter que iba a tomar la organización tendría que venir de ellos. El problema, y aún estamos en esa transición, es que mucho de lo que ocurre con los miembros del grupo depende de la estrategia legal, y ésa viene del abogado —se refiere a sí mismo, y enseguida detalla el papel protagónico que hasta ahora ha tenido en las actividades públicas de Mexicanos en Exilio . "Lo legal controla lo político, lo cual me pone en la posición de que, aunque hay una mesa directiva, lo que controla su futuro es la decisión y la estrategia legal. Pero esta estrategia tiene que coincidir con los deseos personales, y ése es el secreto del grupo: ¿qué quieren hacer?, ¿qué es lo que necesitan? 'Pues reportes de mi mamá, saber qué pasó con mi mamá', me dicen las niñas Alvarado. Ok, entonces se decide que haremos una protesta frente al Consulado de México, y así matamos dos pájaros de un tiro: enviamos un mensaje y avanzamos en uno de los casos. Ése es el éxito de la organización: en cada ocasión avanzamos el caso de cada familia pero al mismo tiempo avanza el caso de todos."

Los casos que Mexenex, como se conoce Mexicanos en Exilio en El Paso, ha hecho púbicos se van quedando en la memoria de quienes los conocen. Uno de ellos es el de Marisela Escobedo, una activista asesinada en la ciudad Chihuahua en 2010, frente al Palacio de Gobierno, mientras protestaba por el asesinato de su hija Rubí Marisol Frayre en Ciudad Juárez dos años antes. El caso de Escobedo ha resonado años después gracias a la intervención de Mexenex: lograron que representantes del gobierno mexicano tomaran testimonio a Juan Frayre, hijo de Marisela, quien tenía identificado desde el inicio al asesino de su madre: el hermano del asesino confeso de Rubí Marisol, pero a quien nunca le tomaron la declaración en México. "Hicimos que asentaran ahí que nosotros sabíamos quién había matado a Marisela Escobedo", enfatiza Carlos golpeando con el índice sobre su escritorio. "La familia Escobedo hizo las investigaciones. Héctor Escobedo, hermano de Marisela, fue testigo ocular, pero arrestaron a otra persona. Nosotros logramos que oficiales mexicanos hablaran con gente aquí, en el territorio mexicano en Estados Unidos, que es el Consulado. El gobierno mexicano decía 'No podemos hacer eso, no podemos salir del país'. Entonces, ¿quién atiende a los mexicanos? ¿El papel del gobierno mexicano es atender mexicanos en el extranjero y matarlos en casa?". En 2015, Spector logró el asilo para Freyre.

Otro de los casos de Mexenex que generó titulares fue el de Carlos Gutiérrez, un empresario de la ciudad de Chihuahua que en 2011 fue extorsionado por grupos armados, que le pedían pagos de diez mil dólares para dejar que siguiera operando su negocio. Gutiérrez, con quien coincidí en una visita a la oficina de Spector en 2012, asegura que en esa época "avisar a la policía era inútil, era armar un show", así que aceptó pagar el dinero. Sin embargo, conforme avanzó la violencia en el estado, los negocios empezaron a quebrar y llegó un momento en el que ya no pudo pagar. Los extorsionadores lo secuestraron, lo llevaron a un paraje, y para enviar un mensaje a los demás empresarios, le cortaron las piernas.

Tras haber tenido una vida estable, sin demasiados sobresaltos, con una esposa y dos hijos, Carlos Gutiérrez llegó a El Paso habiendo sobrevivido milagrosamente al ataque. Discapacitado, traumatizado y sin recursos, contactó a Spector e inició con él su proceso de asilo político, que, como el de muchos otros, no fue negado ni aprobado: cuando los jueces no logran determinar si hay razones suficientes para otorgar el asilo pero tampoco para desecharlo, el caso se cierra y, en tanto se reabre, los solicitantes quedan en un limbo legal que les permite seguir viviendo en el país pero les impide el acceso a la vida regular de un ciudadano.

Con el apoyo de su familia, Gutiérrez pudo establecerse en El Paso, donde conoció a un médico que, al enterarse de su caso, le ofreció operarlo para ponerle unos implantes. "Y yo le dije a Dios: 'Gracias por prestarme todo este tiempo mis pies. Yo sé que estamos de paso, así que te los entrego'. Y acepté la operación", cuenta Gutiérrez, con apabullante optimismo. La operación fue un éxito y, como parte de su rehabilitación, el hombre de treinta y cinco años empezó a entrenar en bicicleta. Dos años más tarde, con el apoyo de Mexenex, Gutiérrez hizo en doce días un recorrido de setecientas millas en bicicleta desde El Paso hasta Austin, con pantalones cortos y sus implantes a la vista de todos, para despertar conciencia sobre la situación que viven en Estados Unidos los mexicanos que buscan asilo político.

Mientras comentamos esos casos, Spector se indigna porque, reitera, a esos mexicanos que pelean por sus derechos acá —en Estados Unidos—, que han tenido que aprender a volver a vivir, allá —en México— pocos los recuerdan. "Todavía no entienden que el mundo ha cambiado y que la mitad de México está aquí, que seguir la lucha por la democracia en México es involucrar a los mexicanos en el extranjero, educar a sus primos pochos. Estamos en Estados Unidos dispuestos, con recursos y con mexicanos exiliados que aún están enojados, queriendo hacer algo. Podemos, y estamos creando un movimiento nacional, pero no lo podemos hacer solos, y México tampoco: nos necesitamos. Para mí la gran ventaja y logro de Mexicanos en Exilio es que pudimos crear ese modelo. Con todas las limitaciones, sin dinero, pero con ganas —y bromea—: en el momento en que haya dinero, se me hace que se deshace la organización —ríe con ganas—. Cada uno lucha por un principio. Tenemos líderes como Cipriana, como los Reyes, tantos héroes que están en esto diciendo 'Ya basta. ¿Cómo es posible que me maten a toda la familia y que me tenga que callar? ¿Cómo es que me pueden cortar las piernas y quieres que me calle?' Por eso creamos la organización, todos tienen que empezar a dar un testimonio. Tenemos que hablar de los casos que están sucediendo porque nadie lo cree, ni en México ni en

Estados Unidos. La única manera de divulgar esto es que lo hagan estos mismos mexicanos."

La mesa directiva de Mexicanos en Exilio tiene a Cipriana Jurado como presidenta, y entre los demás miembros figuran Martha Valles, hermana de Marisol Valles, la ex jefa de policía de Práxedis G. Guerrero, y Saúl Reyes, fundador de la organización. "Es complicado, porque algunos, cuando tienen ya su estatus arreglado, no sienten tanto la necesidad de seguir trabajando en la organización, pero sobre todo porque muchos se han tenido que ir del área de El Paso por la falta de trabajo, algunos por seguridad de ellos y de sus familias", explica Cipriana. "Es difícil, pero nuestro objetivo primordial es la justicia. Mucha gente pensaría que el objetivo principal es el asilo, y sí es uno, pero no el principal. Muchas de las familias que están en el grupo perdieron a sus familiares en Juárez o en Chihuahua, y queremos saber qué está pasando con los casos de desaparición, homicidio y feminicidio en México. Muchos jueces no entienden que la administración cambió —dse refiere al fin del gobierno de Calderón y la llegada de Enrique Peña Nieto a la presidencia de México— y que han detenido a algunos jefes del narco, militares, pero que eso no significa que las cosas hayan cambiado en lo local y que quienes salieron ahora pueden volver. No entienden que la impunidad sigue, que no tenemos acceso a los expedientes y que no podemos hacer justicia. Aquí en Estados Unidos, por ejemplo, pagar una extorsión o un rescate por un secuestro es un delito. Cuesta trabajo que los jueces entiendan que la gente que pagó para liberar a alguien o porque le pedían 'cuota' no tenía otro camino, que en ocasiones ya les habían matado familiares. Mucha gente no sabe qué está pasando con nosotros, ni aquí ni allá."

Carlos describe el grupo como parte del "nuevo Juárez" asentado en El Paso. Es *vox populi* que el estimado de los exiliados por la violencia durante el gobierno de Felipe Calderón que salieron del estado de Chihuahua se acerca a los cien mil, la mayoría de Juárez. Spector asegura que esa cifra es aplicable a esa ciudad, pero que en otros sitios han fundado comunidades enteras. "Ésta es gente que ha traído riqueza a Estados Unidos, porque todos trabajan, todos pagan impuestos y otros crean trabajos para la clase media. Cuando hablamos de exiliados, hablamos de personas que viven en Juárez, que huyen de la violencia política y en ocasiones piden asilo político, pero hay muchos otros que son personas con la doble nacionalidad, o con tarjetas de residente, o con una visa, que entran al país de manera legal, y ésos no aparecen en esas estadísticas. Hay muchas categorías de personas que conforman a esta nueva comunidad de exiliados. Bueno, ya llegó el momento de empezar a mover esa comunidad."

Además de la consolidación de Mexenex, para Spector el siguiente paso es tener un impacto en la forma en que se aplica la ley: la creación de una jurisprudencia que revise la figura del crimen autorizado. Si la petición de asilo debe estar basada en una de cinco categorías, y la opinión política es una, resistir la extorsión es argumento para solicitud de asilo, porque es un acto político. "Si el Estado está manejando la extorsión, si ésta es crimen autorizado, y tú decides no aceptar ser extorsionado y no pagas, estás realizando un acto de resistencia civil, un acto político. Internacionalmente, y en la jurisprudencia estadounidense, se reconoce que cuando el Estado te extorsiona ocurre un acto político —golpea con los nudillos sobre la mesa—. Si el Estado controla el crimen, entonces el crimen está actuando con el apoyo del Estado. El gran reto políticamente es cambiar los términos del debate y deshacernos de ese mito del crimen organizado. El crimen organizado implica buenos de un lado y malos del otro lado. Los buenos son el Estado, la policía, y ¿a quién va a financiar el Estado norteamericano, a los buenos o a los malos? Pero en el caso mexicano, financiar a los buenos es financiar a los malos. De los cien casos de asilo que tengo te puedo enseñar que en cada caso de represión o persecución está involucrado el Estado directa o indirectamente, no hay duda. Nuestros casos son el ejemplo de lo que está pasando en el país. ¿Con quién nos quejamos? ¿Quién está investigando a los que investigan? No existe eso en México, no hay sistemas que señalen la corrupción. Lo único que cambia son los corruptos —en su voz aparece una mezcla de indignación y resignación—. Para mí, este movimiento empieza con las comunidades mexicanas aquí y allá que exigen sistemas e instituciones, rendición de cuentas. Cosas tan concretas, tan sencillas, como

'Deme el reporte policiaco de mi mamá', se convierten en una lucha política. Y es ridículo tener que gastar tanta energía en eso, pero es por donde nos toca empezar: por la cultura del exigir y obligar al gobierno a responder a las inquietudes del pueblo. Si no das pasos chicos, no puedes dar pasos grandes. No tenemos recursos económicos ni políticos a nivel nacional, pero tenemos nuestras voces."

LA OLEADA QUE NO SE DETIENE

ROSARIO ES DELGADA, morena, de cabello largo obscuro y sonrisa fácil. Vestida con pantalones ajustados, tenis y sudadera, se encuentra sentada en una sala de espera, entre dos hombres trajeados que envían textos desde su celular. En cualquier momento será llamada a uno de los salones de ese edificio de corredores blancos y muros helados que alberga la Executive Office for Immigration Review (EOIR). A sus catorce años y sin un abogado que la represente, Rosario está a punto de sentarse por primera vez en su vida ante un juez.

Rosario y su hermano José, de quince años, llegaron hace unos meses de Sensuntepeque, El Salvador, y son parte de la estadística que despertó la alarma entre las autoridades y la sociedad estadounidense en el verano de 2014: en los nueve meses que iban del año fiscal, más de cincuenta y dos mil menores de dieciocho años habían sido detenidos en el suroeste de la frontera con México mientras intentaban ingresar al país sin documentos y sin la compañía de un adulto. La cifra, de acuerdo con las estadísticas del DHS, duplica las veintiséis mil detenciones del mismo periodo del año anterior.

Aunque entre los detenidos suele haber menores de todas las edades, tres de cada cuatro eran mayores de catorce años durante 2013. Chicos como Rosario y José que salen de Honduras, El Salvador, Guatemala o México para reunirse con sus padres en Estados Unidos o para buscar un trabajo, pero también porque huyen de la violencia.

Un reporte de la Oficina del Alto Comisionado de las Naciones Unidas para Refugiados (ACNUR; United Nations High Commissioner for Refugees, UNHCR) publicado por aquellos días tras entrevistar a cientos de esos niños poco después de haber sido detenidos en la frontera, indicaba que al menos 58% de los menores que viajan no acompañados en esas circunstancias buscando llegar a Estados Unidos han sido desplazados de sus lugares de origen de manera forzada por enfrentar algún tipo de peligro, así como por la necesidad real o potencial de protección internacional. Esa condición los convierte en candidatos potenciales para recibir asilo político o una visa humanitaria, según los acuerdos internacionales y la propia ley de asilo vigente en Estados Unidos. Pero el problema que enfrentan una vez que han sido detenidos es que, dado que el gobierno estadounidense no está obligado a proporcionarles apoyo legal gratuito, comparecen ante un juez de inmigración sin un abogado que revise su caso y les explique las opciones que tienen para quedarse.

El reporte de ACNUR da argumentos suficientes por los cuales esos chicos tendrían que tener un abogado. Entre las razones mencionadas por los menores para migrar, la mitad dijeron haber sido afectados por el aumento de la violencia en sus comunidades debido a organizaciones armadas, cárteles, pandillas o por el propio Estado. Por otra parte, 22% declaró haber sufrido violencia en sus hogares de la persona encargada de cuidar de ellos. En el caso de los niños procedentes de México, 38% dijo haber sido víctima o potencial víctima de reclutamiento y explotación por grupos criminales. Del total de la muestra, 11% declaró haber sido víctima de doble violencia, tanto en su comunidad como en su hogar.

María es la madre de Rosario y José. Tiene treinta y tres años y salió de su país, El Salvador, hace siete, dejando a sus cinco hijos encargados con su propia madre. Desde que llegó ha trabajado en los campos de California, sembrando y cosechando. No habla inglés y le cuesta trabajo leer y escribir, pero encontró la manera de ir juntando dinero para mandar a El Salvador y para ir haciendo unos ahorros; y cuando juntó los dieciocho mil dólares que le cobró un *coyote* "confiable" para traer a sus dos hijos mayores, no dudó en hacerlo. "Me dijeron que era así de caro porque era seguro y porque no iban a sufrir", me contó María, quien estaba de pie en uno de los pasillos de la oficina ejecutiva de inmigración. De baja estatura, sus dos hijos ya son más altos que ella. La angustia se reflejaba en su rostro al hablar de las amenazas a su familia: llegaron en la noche a la casa de su madre, la abuela de los niños, a pedir una cuota como extorsión. Les dio el dinero que tenía, y aun así los extorsionadores amenazaron con volver. Fue cuando María decidió traer a sus hijos. "Me prometieron que iban a venir cuidados, en un carro, que iban a llegar con bien, y no fue así. Los traían caminando, amontonados en el maletero del bus. Y al final, mire, los agarraron."

La migración de chicos que viajan solos no surgió de repente con la llamada "oleada" que reportaron los medios en 2014. Siempre ha habido ese tipo de migración, tal vez reportada a detalle por primera vez por la periodista Sonia Nazario, quien en 2002 dio a conocer la historia de Enrique, un chico que viajó solo de Honduras a Estados Unidos para reunirse con su madre, en una serie de reportajes publicados en el diario *Los Angeles Times*. La serie —cuyas imágenes de Enrique viajando sobre el tren conocido como *La Bestia* se volvieron un referente de la migración centroamericana— dio a Nazario un premio Pulitzer y en 2006 el libro con el mismo título se convirtió en un *best seller*.

Los años siguientes traerían muchas más historias de viajeros sobre el tren, algunos menores y otros adultos —en la última década se cuentan por decenas las piezas periodísticas que cuentan la migración por México en que se presentan las imágenes de los migrantes hacinados sobre el tren a pesar de que sólo 18% del total de quienes cruzan por México lo hacen por esa vía—. Sin embargo, sí hubo un ligero cambio en el perfil demográfico de los viajeros: de 2012 a 2014, además de que el número de migrantes menores aumentó, cambiaron sus características: el porcentaje de mujeres subió de 23 a 27% y el número de menores de catorce años se incrementó de 17 a 24%.

Cuando Rosario y José fueron detenidos por las autoridades, María recibió una llamada: sus hijos se encontraban en el centro de detención de inmigración en Los Ángeles y ella tenía que iniciar el proceso para liberarlos. La ley indica que los menores no pueden

estar más de setenta y dos horas bajo la jurisdicción de las autoridades migratorias —disposición que durante esos meses resultó difícil
de cumplir en algunas zonas, principalmente en el sur de Texas, debido a la incapacidad del gobierno para procesar a todos los menores que habían llegado—. Al cabo de algunos días, los chicos fueron
llevados a un albergue, donde permanecieron hasta que la madre
pudo comprobar su identidad y que, además, contaba con solvencia para mantenerlos. María vivía en una cochera adaptada como
vivienda, pero para que una persona pueda tener consigo a sus hijos
la ley exige que la vivienda cuente con al menos una habitación. La
mujer tuvo que trabajar horas extra para reunir el dinero necesario
para dar el depósito que le pedían en un nuevo espacio que cumplie-
ra con los requisitos para llevarse a sus hijos.

Una vez que los chicos llegaron con ella, lo que siguió fue el
aviso de que les sería iniciado un proceso de deportación, con una
orden para comparecer ante el juez de inmigración. Con las finanzas
apretadas, sin hablar inglés y con nulo conocimiento del sistema legal
del país, María no hallaba qué hacer para evitar que sus hijos fueran
regresados a El Salvador. Lo que sí sabía es que tenía que ir a la oficina
ejecutiva de inmigración el día y la hora señalados. "¿Usted sabe si
me recibirán hoy aunque no traiga un abogado?", pregunta María el
día de su comparecencia a las personas con las que entabla conversación en los corredores.

Cuando un secretario llama a los chicos por su nombre, los
tres entran y se sientan en una banca frente a una juez a cuyas
espaldas luce, enorme, el escudo del United States Department
of Justice (US DOJ; Departamento de Justicia de Estados Unidos).
Junto a la juez hay un intérprete. María y los chicos se ponen audí-
fonos para escuchar la traducción al español. La madre, con ojos
enormes, tarda en responder a las preguntas de la juez. En algún
momento le avisa que no entiende lo que le están diciendo. La
juez explica: la persona que está al lado de ellos es la fiscal y representa al gobierno estadounidense, que los acusa de encontrarse
en el país sin documentos. La juez les pregunta si tienen abogado.
A Rosario le tiembla nerviosamente una pierna. José no acierta a
decir una palabra.

"El problema es que la migración se convirtió en algo político. Ésa es la cuestión."

Erick Midence suelta la frase con un tono que es mezcla de ironía y de reproche, y agrega: "A los niños los están deteniendo, los ponen en proceso de deportación porque eso es lo que marca la ley, pero no los deportan. ¿Sabe por qué? Porque tendría un costo político, y ése ni el presidente ni los republicanos se lo van a echar encima. Podrán decir lo que quieran, pero en la práctica, los muchachos se quedan aquí."

Midence, activista por casi dos décadas y presidente de la Asociación Hondureña de Oxnard, una pequeña ciudad agrícola al norte de Los Ángeles, se enteró del caso de María y ofreció acompañarla a la comparecencia. No es abogado, pero con los años ha aprendido cómo se enfrenta un proceso de deportación. El objetivo es alargar el tiempo para que los menores se queden en el país durante varios años, aunque eso no les dé un estatus migratorio. En teoría, Rosario y José tendrían que escuchar los cargos que los acusan de estancia ilegal en el país. Si los acusados aceptan el cargo, en ese momento el juez emite la orden de deportación y son regresados a El Salvador. Si responden que no, deberán presentar evidencia que sustente su dicho. Pero hay una alternativa más: pueden pedir hasta dos extensiones para presentarse en otra fecha. Después de eso, si la sentencia no los favorece, pueden apelar. Eso les permite ganar tiempo.

Midence tiene razón: los jueces saben que ése es un recurso común y aun así autorizan las extensiones: los chicos que ingresaron sin documentos al país hace dos, tres, cuatro años, continúan en Estados Unidos. La deportación masiva de menores de edad es una escena con la cual el gobierno estadounidense amenaza pero que no ha ocurrido hasta ahora.

Las estadísticas del DHS lo confirman. Entre los años fiscales 2012 a 2015, periodo en el cual se registró la llamada "oleada" de niños no acompañados, fueron detenidos más de ciento setenta y un mil menores de dieciocho años. Sin embargo, sólo se ejecutaron 7,643 deportaciones en ese periodo.[50] Los únicos deportados son aquellos pocos que han firmado una salida voluntaria del país, o los que, tras ir a una corte de inmigración, pierden y deciden no apelar. El número, en proporción con las detenciones, es relativamente pequeño.

La razón por la cual el proceso de deportación se convierte en un periodo "de gracia" para que quienes deciden extender un juicio permanezcan en el país, es el ya citado cuello de botella que existe en las cortes de inmigración por el gran número de casos pendientes. Entre extensiones, el tiempo puede ser de dos o tres años para obtener un veredicto y de otros tres años si hay apelación. Durante ese tiempo los menores permanecen en el país con sus familias, para las cuales, si vienen de una situación como la de María y sus hijos, eso ya es ganancia. No obstante, los niños viven en un limbo legal que en ocasiones no tiene posibilidades de avanzar debido a que no cuentan con la asesoría de un abogado que permita que sus casos sean evaluados con las pruebas que les permitan regularizar su estancia. Se quedan hasta que ya no se pueden quedar más. Esa situación, como es de esperarse, se vuelve caldo de cultivo para los abogados sin escrúpulos, que ofrecen a las familias revisar su caso por enormes cantidades de dinero para después decirles que no han podido hacer nada por ellos. "Hay chicos que llegaron hace años, que crecieron y trabajan aquí, que quieren estar con sus papás", explica Midence. "¿Cómo los va a mandar este gobierno de regreso a sus países si sabe que para muchos eso sería mandarlos a morir? No los mandan, pero tampoco arreglan el estatus. Nos tienen en un limbo, con el temor a la deportación. Ni los gobiernos de nuestros países ni éste hacen algo por arreglarlo. Ellos juegan con nuestra realidad."

A María y a sus hijos la juez les da una cita para que regresen, ahora sí con un abogado, en seis meses más.

———

[50] https://www.judiciary.senate.gov/imo/media/doc/02-23-16%20Homan%20Testimony.pdf.

Son las 9:20 de la mañana cuando Mario Saavedra ingresa al edificio de oficinas marcado con el número 3550 de Wilshire Boulevard, en Los Ángeles. Con camisa y pantalón de vestir impecablemente planchados y los zapatos negros relucientes, sube al tercer piso y recorre puertas hasta llegar a una marcada con el escudo de Honduras: tiene una cita a las 9:30 para hablar con algún funcionario de su representación consular. Una hora más tarde, nadie lo ha atendido. Mario trata de mostrarse paciente, pero se desespera. Hace dos semanas recibió una llamada de las autoridades de inmigración de Estados Unidos: Fernanda, su hija de catorce años, fue detenida mientras ingresaba sin documentos al país por la frontera entre México y Texas. Tras darle la noticia, una trabajadora social pidió a Mario sus datos y le dijo que alguien más se comunicaría con él; no le dio un número telefónico al cual llamar ni le dijo en dónde se encontraba la niña. Días después, Fernanda le habló: estaba en un albergue, pero no le supo decir en dónde. La llamada fue puro llanto hasta que se cortó. Las llamadas desde los albergues no duran más de tres minutos y el número aparece bloqueado. Mario se quedó con el teléfono en la mano, sin saber qué hacer.

Fernanda es una de los cincuenta y dos mil menores de edad detenidos en 2014 y atendidos de manera improvisada, lo mejor posible dadas las circunstancias, ante el enorme número de casos recibidos ese año. Era junio de 2014 y el presidente Barack Obama acababa de declarar un estado de emergencia por esa situación, lo que permitió que se creara una respuesta interagencias que involucraba a la autoridad migratoria, a la Federal Emergency Management Agency (FEMA, Administración Federal de Manejo de Emergencias) y al Department of Justice (DOJ, Departamento de Justicia). El gobierno abrió tres albergues que operaron durante ciento veinte días en instalaciones militares de California, Oklahoma y Texas para albergar a tres mil menores, y solicitó un presupuesto de mil quinientos millones de dólares en fondos de emergencia para su alojamiento, alimentación y transportación, adicionales a los ochocientos sesenta y ocho millones previamente aprobados por el Congreso para el año fiscal 2014 en ese rubro: puede tardar semanas el proceso para identificar a cada menor, evaluarlo, contactar a su familia, verificar que la familia tenga condiciones para recibirlo, y eso tiene un costo. Y para los padres que esperan a sus chicos, ese periplo burocrático convierte cada día en una pesadilla.

Mario vive en Bakersfield, dos horas al norte de Los Ángeles. Desde hace once años, cuando llegó de Sonaguera, Honduras, ese sitio ha sido su casa. Trabajó en el campo, en la construcción, y hoy se dedica a instalar pisos de madera. Cuando salió de su país, Mario tenía veinticinco años, una madre, una esposa y a Fernanda, entonces de tres años. En 2003, le dio un beso a su hija, y él y su esposa enfilaron hacia el norte. Fernanda se quedó con la abuela paterna y la pareja se separó tiempo después, pero Mario continuó siendo el soporte económico y moral de su hija. "Yo no sabía que la niña iba a venir para acá", dice con expresión afligida mientras espera en el consulado. Bajo el brazo, lleva un sobre de papel manila con documentos. "Yo hablaba con ella cada semana y le preguntaba cómo estaba. Pero un día que llamé, mi mamá me dijo que la niña ya venía para acá. Yo no sabía, ¿cómo la iba a dejar si sé lo peligroso que es el camino? Pero mi mamá tiene setenta años y mi hija ya no le hace caso. Se vino con una amiga. Al parecer, juntó dinero, tomaron un bus y llegaron acá, pero las agarraron."

Hora y media después, José María Tsai, un cónsul interino, recibe a Mario. Tsai lleva cinco meses al frente de la representación consular pero no sabe muy bien qué hacer. Sentado frente a una bandera gigante de su país, con gesto inexpresivo, explica a Mario que el DHS abrió una *hot line* exclusiva para padres, que ahí le darían información, tomarían sus datos y buscarían ponerlo en contacto con su hija. El consulado no puede hacer más por él.

De acuerdo con la legislación de Estados Unidos, los menores de edad no deben ser retenidos por la autoridad migratoria por más de setenta y dos horas. Después de ese lapso son trasladados a albergues temporales que operan bajo la reglas de la Office of Refugee Resettlement (ORR, Oficina de Refugiados y Reubicación). En promedio, ocho de cada diez niños terminarán en uno de esos sitios.

Tan pronto los menores son trasladados a los albergues, integrantes de organizaciones civiles que apoyan a los migrantes hacen un diagnóstico de su estado de salud y buscan darles asistencia legal.

Esa etapa es crucial para el futuro del menor. Es común que, al ser entrevistados por trabajadores sociales o abogados, los chicos cuenten una historia que no es real. En ocasiones, son los propios *coyotes* los que los entrenan para dar respuestas falsas. Sólo después de varios días quienes los entrevistan logran romper el hielo e identificar señales: si el menor ha sufrido maltrato, abuso, amenazas de pandillas o grupos delictivos, o si vive en situación de abandono, es posible que con asistencia legal permanezca en el país a través de una solicitud de asilo o de una visa humanitaria.

Mientras eso ocurre, un trabajador social buscará entrar en contacto con algún familiar del menor en Estados Unidos. Dado que la mayoría de esos chicos viajan con documentos falsos o sin documentos, es preciso determinar su identidad y luego la del presunto familiar. El asunto es delicado. Muchos son reunidos con familiares a los que no han visto en años. Si llega alguien y dice que es un tío que vino de El Salvador hace una década, quienes están a cargo del albergue deberán verificar si realmente es su tío. Por esos días, Joyce Capelle, presidenta de Crittenton, un albergue ubicado en el sur de California, me contaba de casos en los que los niños decían "No quiero ir con mi papá porque nos pegaba". ¿Qué hacer, entonces? En esa situación, en el albergue se detiene el proceso para entrevistar a los familiares, que muchas veces están en Nebraska siendo que el niño fue detenido en Texas, por ejemplo. "Lo último que queremos es entregar al niño a alguien que pueda ser un traficante o que abuse de él", me aseguró Capelle.

De acuerdo con el DHS, un menor pasa en promedio treinta y cinco días en los albergues temporales, pero en sitios como Crittenton han tenido chicos ahí por meses hasta que es seguro entregarlos. El problema es que, con el incremento en el flujo de menores, los recursos para atender a cada chico empezaron a disminuir. Entre 2014 y 2015 muchas de esas organizaciones empezaron a solicitar donativos en línea para seguir cumpliendo con su tarea.

Cuando salió del Consulado de Honduras, Mario llamó al número para padres. Después de algunas preguntas de confirmación, supo que a Fernanda la trasladaron desde Texas al albergue de la base militar de Oklahoma. Tras comprobar su relación con la menor y su solvencia económica, le aseguraron que en una semana podría tener a su hija con él. Y a partir de ese momento daría inicio la batalla legal: el DHS les enviará un citatorio para que Fernanda comparezca ante un juez de inmigración, tal como ocurrió con Rosario y José; la chica deberá declarar si es culpable o inocente de haber ingresado al país de manera indocumentada, y en caso de aceptar su culpabilidad, sería deportada inmediatamente. Pero si la familia de Mario recibe orientación de abogados y activistas, echarán mano de la extensión, la apelación y, con la debida asesoría legal, si pueden comprobar que huyeron de situaciones de riesgo, entonces solicitarán un asilo político o una visa humanitaria. Dos, cuatro, cinco años de espera y de lucha legal que sirven para ganar tiempo, para que los hijos crezcan un poco más, para que no pasen la adolescencia solos. En ese periodo, las familias se reencuentran y sueñan con que algo llegará: una reforma migratoria, un alivio legal, algo que permita que no vuelvan a separarse.

"WE DON'T WANT YOU HERE"

"WE DON'T WANT YOU! Go home!". La voz de un hombre desgañitándose sobresalió entre una multitud que coreaba consignas iracundas contra tres autobuses blancos. Los autobuses, con el logotipo del DHS, transportaban a ciento cuarenta inmigrantes indocumentados, la mayoría niños y adolescentes. Los inmigrantes venían de Texas, donde fueron detenidos, y se dirigían a las instalaciones de las autoridades de inmigración en Murrieta, California, para ser procesados. Nunca llegaron.

Las cerca de doscientas personas que portaban carteles con leyendas antiinmigrantes impidieron el paso de los autobuses haciéndolos cambiar de ruta hacia San Diego, celebraron el pequeño triunfo en su esfuerzo para que los más de cincuenta mil niños que habían llegado a Estados Unidos durante 2014 fueran devueltos a sus países. Lo que los manifestantes no sabían es que si lo lograban la vida de la mayoría de esos niños estaría en peligro.

En el reporte de ACNUR publicado en 2014, las entrevistas lo muestran con claridad. Siete de cada diez niños migrantes indocumentados procedentes de El Salvador salieron de sus países debido a que sus gobiernos no tienen la capacidad para proteger sus derechos básicos. Ésa fue la misma conclusión a la que se llegó en 58% de las entrevistas de los chicos provenientes de Honduras y en 38% de los guatemaltecos. El organismo detectó dos patrones generales: 48% de los niños desplazados ha sido víctima de violencia de grupos armados delictivos, del crimen organizado o de representantes del Estado, y 21% dijeron haber sido víctimas de violencia en el hogar y/o de la persona encargada de su cuidado.

Otros resultados: dos de cada tres niños provenientes de El Salvador dijeron haber sido víctimas o haber recibido amenazas de grupos criminales, incluida violencia sexual en el caso de las niñas. Entre los hondureños, la cifra fue de 44%, seguida de 22% que refiere abuso en el hogar. Uno de cada diez niños mencionó una combinación de ambos.

La pobreza extrema también apareció como un motivo en las respuestas de 22% de los niños hondureños y de 30% de los provenientes de Guatemala. Ocho de cada diez niños de ambos países mencionaron, además, su intención de reunirse con sus padres y encontrar mejores oportunidades de vida. De los más de cuatrocientos niños entrevistados, sólo uno, originario de El Salvador, dijo querer beneficiarse de una posible reforma migratoria como motivo para dejar su país.

"Dado que los gobiernos de sus países de origen no pueden proteger los derechos básicos de estos individuos, la comunidad internacional debe actuar", se indica en el reporte. Entre los grupos vulnerables que deben recibir la oportunidad de que sus casos sean revisados para ver si son candidatos a protección legal en otro país, figuran "personas que huyen de conflictos armados, desorden interno grave, violaciones masivas a los derechos humanos, violencia generalizada y otras formas de daño grave."

No es casual que esos niños busquen la ruta hacia Estados Unidos. Aunque las razones geográficas y los lazos familiares son elementos que determinan el rumbo del éxodo, las cifras de ACNUR indican que durante el año 2012 se recibieron 85% de las solicitudes de asilo que se realizaron en todo el mundo. Estados Unidos cuenta con algunas de las leyes de asilo más rígidas del planeta; a pesar de ello, ocho de cada diez personas que buscan protección internacional pensaron en esa nación como una alternativa para salvar su integridad y/o su vida.

Una fila de banderas con barras y estrellas, inmóviles bajo los treinta y ocho grados centígrados de julio, dan la bienvenida al centro de Murrieta, donde la tarde transcurre lentamente. En los rincones de algunas calles el tiempo también parece detenido: la tienda de antigüedades, la oficina de correos, las pequeñas bodegas y los talleres de reparación recuerdan un pueblo del viejo oeste. Un auto se detiene en una esquina; el conductor, un hombre de largos bigotes, lentes obscuros y sombrero, me lanza una mirada parsimoniosa antes de seguir su camino.

Murrieta es la típica pequeña ciudad *all-american*. Ubicada en la semidesértica región de Inland Empire, en el sur de California, el área de Murrieta y su vecina, la conurbada Temecula, son parte de un valle en donde el paisaje reseco de la última franja del desierto de Sonora se convierte en una mancha verdosa salpicada por algunos grandes centros comerciales en colores marrones y ocre. Dos grandes autopistas, la 15 y la 215, flanquean sus avenidas nombradas en honor a los padres de la patria: Washington, Jefferson, Adams, Hoover, Monroe. Siete de cada diez habitantes son de raza blanca, y en el desglose étnico, uno de cada cuatro es latino. El eslogan oficial de la ciudad es "El futuro del sur de California".

De Murrieta no se escuchaba mucho en la televisión o en las noticias, pero eso cambió la mañana del 1 de julio de 2014, cuando una turba se instaló a las orillas del camino por el que pasarían tres camiones de ICE con niños migrantes detenidos en la frontera. Los niños, algunos acompañados por adultos, fueron trasladados desde el otro lado del país para ser procesados en las instalaciones de la Patrulla Fronteriza en California, debido a que en Texas los espacios resultaron insuficientes para los más de cincuenta y siete mil menores que habían llegado durante ese año.

Coreando consignas contra la inmigración ilegal, sosteniendo letreros que acusaban a los niños de traer enfermedades contagiosas y por momentos en francos arrebatos de ira, varias decenas de residentes del área bloquearon el camino y obligaron a los agentes de inmigración a volver sobre sus pasos. "We don't want you! Go home!", gritaba ahora una mujer, fuera de sí, frente al rostro de ojos muy abiertos de un niño asomado por la ventana del camión, antes de que el convoy cambiara de ruta. "Lo que está haciendo el gobierno federal es un error, es inhumano. No puedes enviar gente de un lado a otro como si fueran animales, sin saber si están enfermos, sin darles tratamiento, sin asegurarte de que estén bien después de haber cruzado la frontera." Diana Serafin lanza esta acusación con gran indignación. Utiliza intencionalmente la palabra en inglés *shipping*, alusiva al envío de mercancía, para referirse al traslado de los niños. Esbelta, blanca, con el pelo castaño claro que enmarca sus ojos pequeños y su sonrisa amplia, a sus sesenta y tres años de edad Diana habla con la energía de una veinteañera. El día que nos encontramos, un mes después del incidente de los autobuses, vestía una camiseta con la bandera estadounidense.

Diana fue una de las organizadoras de la protesta del 1 de julio en Murrieta. A través de su cuenta de Twitter, @DianaM620, en la que se define como "una patriota defendiendo libertades", la activista hizo circular información sobre el arribo de los menores al pueblo. Entre los datos que difundió se encuentran desde presuntos contagios de sarna a agentes de la Patrulla Fronteriza hasta páginas que afirman que terroristas islámicos ingresan a Estados Unidos por la frontera sur. "Esto no es un asunto de atacar inmigrantes, sino de proteger a los niños. Nuestra denuncia es por las condiciones en las que los trajeron. El plan era ponerlos en las instalaciones de la Patrulla Fronteriza, pero ese lugar no es un albergue, es una prisión: camas de cemento y planchas de metal, una celda con el excusado ahí mismo. ¡Los iban a poner a comer junto al excusado! ¿Es ésa la forma de tratar a un niño? ¡No! Nos opusimos a eso. El gobierno federal usa a estos niños políticamente, no les importa su bienestar."

La preocupación de los residentes de Murrieta inició varios días antes de la protesta, cuando se supo que los niños serían trasladados. En esas conversaciones circuló información que sirvió para avivar la llama de la indignación: que los niños traían consigo sarna, tuberculosis y ébola y que no estaban siendo atendidos. Que una vez que los procesaran, les darían una fecha para presentarse ante un juez de inmigración y los dejarían libres. Que si un familiar no venía por ellos los dejarían en la estación de autobuses más cercana, a su suerte. "¿Se imagina lo que puede hacer un adolescente desesperado, sin hablar inglés, sin dinero, sin conocer el país, ahí solo?", me preguntaba Diana con vehemencia. "La desesperación provoca cosas terribles. ¿Cómo es posible que el gobierno provoque una situación así?".

Un vínculo en la página de Twitter de Diana lleva a su página personal. En ella, la activista anuncia su intención de contender por la candidatura para el concejo municipal de Murrieta. En uno de los apartados de dicha página aparece una lista de quienes apoyan su candidatura. Entre los nombres se encuentra el del asambleísta de California, Tim Donnelly.

Donnelly, originario de Atlanta, Georgia, estudió en California y era un pequeñoempresario hasta que se involucró con el movimiento ciudadano Minuteman, cuyo objetivo es vigilar la frontera para evitar el ingreso de inmigrantes de manera ilegal. Aún en sus cuarenta, calvo, de lentes y barba de candado, Donnelly tiene una presencia agradable que seguramente le fue de ayuda cuando decidió fundar el Partido Minuteman de California y en 2010 apelar al voto del movimiento conservador conocido como Tea Party para lograr la nominación por el Partido Republicano. Así es como llegó a la asamblea.

Diana se identifica con la agenda de ese funcionario, y también con la de otro más: el alcalde de Murrieta, Alan Long. Long, un joven político conservador, residente de la zona desde los años setenta, ha confrontado directamente la decisión del gobierno federal de enviar a los niños migrantes a Murrieta. El 30 de junio, el alcalde, a través de una conferencia de prensa, hizo un llamado a los habitantes de la ciudad para contactar a sus congresistas y exigir que los niños no fueran enviados a la zona. Al día siguiente ocurrió el episodio violento que impidió la llegada de los niños, y un día después se celebró una reunión comunitaria a la que asistieron más de mil quinientas personas.

El 3 de julio, Long envió una carta al presidente Obama asegurando que los eventos ocurridos entre la conferencia de prensa y la reunión comunitaria no fueron provocados por su gobierno. Pero María Carrillo, quien es originaria de México, ha vivido en Estados Unidos desde los tres años de edad y en el área Murrieta-Temecula desde hace trece, asegura que Long hace un uso político del suceso. "Yo estaba ahí, fui testigo de lo que pasó en esa reunión", me contó María cuando nos encontramos en un Starbucks a unas cuadras del sitio donde me reuní con Diana. "En cuanto el alcalde llegó, felicitó a los que estaban ahí por lo que habían hecho el día anterior, por defender su ciudad. Nosotros fuimos porque pensamos que la reunión era para hacer algo por los niños. Cuando llegamos, no podíamos creer las cosas horribles que decía la gente: que los niños venían sucios, con piojos, con enfermedades. ¿Pero qué esperaban, si vienen viajando por semanas en un tren? Esta comunidad se dice cristiana, pero lo que yo escuché está muy lejos de los valores que a mí me enseñaron."

María y su esposo, Gabriel, se involucraron en el asunto casi a fuerza. Carissa, su hija de dieciocho años, se encontraba un par de días antes en un almacén de Wal-Mart, donde ocurrió uno de los primeros enfrentamientos entre antiinmigrantes y defensores de los niños, y fue agredida directamente. "Ella sólo iba a comprar un champú y se acercó para ver qué pasaba, muy sorprendida por la violencia verbal. En el calor del enojo, uno de los que protestaban, cuando vio que era latina, la empezó a insultar. Le dijo que se fuera a la chingada de ahí y que se pusiera a lavarle el auto."

María asegura ha sido sólo a partir de ese incidente y de lo que vio en la reunión comunitaria que se ha sentido parte de una minoría. "Yo nunca pensaba en eso, nunca había tenido un incidente racial. Ahora entro a un lugar y me siento vulnerable. En esa reunión volteé alrededor y me di cuenta de que del total de quienes asistieron sólo tres o cuatro éramos latinos. Sé que hay muchas personas que simpatizan con los niños, pero no lo dicen en público porque no quieren que los demás los ataquen. La gente ahora tiene miedo de decir lo que piensa."

A través de la campaña de información lanzada por Diana en Twitter, William Young supo que había acciones para "apoyar a la Patrulla Fronteriza" evitando la llegada de los niños migrantes. Young, un hombre entonces de cincuenta y siete años, casado, con dos hijos, fan de los Cardenales de Louisville y quien sirvió en la Marina estadounidense durante veinticuatro años, se describe a sí mismo como un cristiano conservador que no está afiliado a ninguna organización pero que comparte la filosofía de algunos grupos que se han manifestado en contra del arribo de los niños.

Cuando habla sobre lo ocurrido el 1 de julio, William se dice indignado con la prensa. Asegura que quienes sostuvieron las acciones más agresivas eran los menos y no eran habitantes de Murrieta. Aun así, según aseguró, los medios sólo buscaron sus declaraciones por ser las más escandalosas, incluido el momento en el que uno de los manifestantes escupió en el rostro a Lupillo Rivera, un popular cantante del género conocido como regional mexicano, quien estaba en el lugar para dar la bienvenida a los niños. "Claramente hay una crisis humanitaria, pero esos niños, esas mujeres que vienen están siendo explotados a varios niveles: son usados por sus gobiernos, por los cárteles del narcotráfico, por los coyotes. Nuestro propio gobierno los usa también. Yo no soy racista, ¿cómo voy a serlo, si soy afroestadounidense?", me pregunta el hombre, con la certeza de estar usando un argumento inapelable.

Una característica común une el discurso de Diana, el de William y el de muchos otros opositores a la llegada de los niños migrantes: están convencidos de que quienes llegan ilegalmente a Estados Unidos tendrían otra manera de hacerlo pero prefieren tomar "el camino rápido". "En un país las reglas son necesarias. Esta gente ha venido buscando opciones en Estados Unidos en lugar de quedarse en su país y pelear para que su gobierno mejore la situación. Si vienen, deberían hacerlo de la manera correcta", especula William. Le pregunto entonces si está al tanto de que los ciudadanos de países como El Salvador, Guatemala y México no pueden solicitar su estancia legal a través de la lotería de visas, como el resto de los países; que si sabe que de no ser contratados por una empresa o los "pide" un familiar para esas personas no hay alternativa para vivir en Estados Unidos. "¿Eso es cierto?", responde, honestamente sorprendido. "¿Quiere decir que no pueden ir al consulado a pedir una visa para venir a trabajar?". Tras unos segundos de sorpresa ante esa nueva información, el ex marino retoma su punto. "¿Ve? Justamente a eso me refiero. Obama está provocando que esto pase. Ellos tendrían que hablar con los gobiernos de esos países para cambiar la ley. Mi molestia no es contra la gente. Yo estoy enojado contra un gobierno que no hace su trabajo."

Antes de finalizar la conversación, William me hace una última pregunta. "Y usted que parece saber, dígame: ¿por qué si salen de Guatemala o El Salvador vienen hasta Estados Unidos? ¿Por qué no se quedan en México? ¿Por qué México no hace nada por ayudarlos?

De Murrieta a San Diego, la ciudad donde vive Enrique Morones, el dirigente de Ángeles de la Frontera, hay una hora de distancia y hay una pequeña pero constante red de organizaciones que mantienen actividad en el área para manifestarse en contra de la inmigración ilegal. Desde que realicé el viaje con Morones, la Caravana Migrante que nos llevó por la frontera en 2007, he mantenido contacto intermitente con él. Cuando el asunto de los niños migrantes empezó a crecer, volvimos a establecer comunicación.

Enrique tiene dos números telefónicos. En uno de ellos, que nunca responde, recibe los mensajes de voz de los grupos antiinmigrantes que constantemente le llaman para amenazarlo o insultarlo. Al principio se preocupaba, pero ha aprendido a vivir con ello. En el otro, un número privado, recibe las llamadas de quienes solicitan el apoyo de su organización. La última vez que nos vimos, recibió una llamada en la que le solicitaban ayuda para el traslado de dos niños de cuatro y nueve años de edad que ingresaron solos al país y que iban a reencontrarse con su madre.

Aunque su contacto cotidiano con los grupos antiinmigrantes suele ser a través de su correo de voz, el 1 de julio Morones se encontró con ellos frente a frente, confrontando a los grupos de Murrieta que, bloqueando el paso a los camiones con niños inmigrantes, les gritaban "Go home!". "Éste es un tema que no es nuevo. Lo he hablado con la Patrulla Fronteriza, con otras autoridades: muchos de estos niños van a morir si regresan a sus países. Tenemos una crisis humanitaria y no estamos buscando una solución humanitaria. Si estos niños salieron de su país desesperadamente, hay que darles algún tipo de protección; no a todos, pero sí a quienes presenten casos suficientemente fuertes. Es nuestra obligación como país, pero los estadounidenses no quieren escuchar."

En materia de legislación internacional, el artículo tercero de la Convención de los Derechos del Niño establece que es obligación de los Estados, de las instituciones públicas y privadas, de los tribunales y las autoridades velar por el interés superior de los niños en todas las medidas concernientes a éstos. Sin embargo, en un reporte del Center for Gender & Refugee Studies (Centro de Estudios de Género y Refugiados) de la Universidad de California Hastings (UCH), realizado junto con la organización Kids in Need of Defense (Kind), se señala que "el gobierno estadounidense no utiliza esta norma como criterio en el trato con los niños migrantes", además de que en raras ocasiones provee asistencia u orientación a los menores que han sido víctimas de delitos como el tráfico humano.

Las medidas legales existentes para proteger a quienes buscan refugio, tales como el asilo o las visas T y U para víctimas de tráfico o grupos criminales, los criterios aplicados para su aprobación "no responden a las circunstancias y protección particulares que necesitan estos niños. [...]Algunos jueces de inmigración han rechazado la existencia de grupos sociales en los casos de los niños por razones numéricas. Temen que si se aprueba un grupo cuya definición puede ser aplicable a una población amplia, esto abrirá una compuerta", se especifica en el reporte de UCH-Kind. En las cortes de inmigración se ha negado el reconocimiento como grupo social vulnerable a las categorías "niñas que han reportado su violación a la policía", "jóvenes que se oponen a la actividad criminal de pandillas y la han reportado a la policía" y "niñas que se han resistido al reclutamiento de pandillas y han sido testigos de un crimen por parte de pandillas". El país al cual 80% de los refugiados pide protección se la ha negado a quienes forman parte de esos grupos.

———

El difícil cruce por México, las inclemencias del camino, el abuso de agentes y extorsionadores y el miedo de abandonar su hogar son algunas de las situaciones que tuvo que enfrentar Ileana cuando salió de su país en Centroamérica para buscar el ingreso sin documentos a Estados Unidos. Pero nada de eso se compara, asegura la chica de quince años, con los once días que vivió hacinada, maltratada, sin acceso a servicios básicos y sin protección mientras permanecía detenida por las autoridades de inmigración estadounidenses.

A partir del aumento de llegadas de menores no acompañados, y a pesar del claramente insuficiente esfuerzo realizado por las autoridades de inmigración, las denuncias por maltrato y por prácticas que rayan en la tortura adjudicadas a agentes de la Patrulla Fronteriza y a otras agencias de seguridad tuvieron un incremento tal, que grupos de abogados y activistas ejercieron mayor presión ante el gobierno para la aplicación de acciones legales, como la suspensión de la deportación de algunos de los menores que podrían contar con elementos suficientes para solicitar una visa U, la cual se otorga a quienes han "sufrido abuso como resultado de actividad criminal en violación a leyes u ocurriendo en territorio estadounidense".

El caso de Ileana,[51] presentado por los abogados de la firma Amoachi & Johnson, con sede en Nueva York, ha servido para ilustrar la situación. De acuerdo con la denuncia, cuando la adolescente fue detenida por agentes de la Patrulla Fronteriza en Texas lo primero que enfrentó fue el hacinamiento: fue transferida a una celda reducida compartida con más de cien personas, incluidas mujeres con sus hijos pequeños y adolescentes, en donde no había espacio suficiente para acostarse, según el testimonio que ella misma otorgó semanas después a sus representantes legales. Los siguientes días fueron una sucesión de violaciones a sus derechos: falta de comida o en estado de descomposición, falta de agua limpia para beber, temperaturas congelantes y condiciones de alojamiento que violan las normas establecidas por la legislación estadounidense fueron narradas por la chica una vez que salió del centro de detención y se sintió segura para denunciar.

---

[51] El nombre de la menor fue modificado y durante su proceso legal se omitió el nombre de su país de origen para proteger su identidad.

Como se ha mencionado antes, los protocolos establecidos por el DHS —del cual depende el Customs and Border Protection (CBP, Servicio de Aduanas y Protección Fronteriza), al que pertenecen los agentes de la Patrulla Fronteriza— establecen que cuando los niños que viajan solos son detenidos en la frontera deben ser tratados en condiciones que velen por su integridad física y mental, así como transferidos en no más de setenta y dos horas a uno de los albergues para menores bajo la jurisdicción del Department of Health and Human Services (HHS, Departamento de Salud y Servicios Humanos). Sin embargo, la evidencia indica que durante las semanas pico de la crisis de niños migrantes dichas normas fueron violadas con frecuencia, con consecuencias físicas, mentales y legales. Los abogados de Ileana presentaron una solicitud al Departamento de Justicia para la anulación de su orden de deportación, ya que la entrevista que le hicieron las autoridades de inmigración para determinar sus posibilidades de quedarse legalmente en el país fue realizada bajo condiciones de encierro que violan toda normatividad. "Nuestra cliente permaneció cuatro días en el centro de procesamiento de la frontera, y de ahí fue transferida a uno de los albergues militares que se abrieron en Oklahoma, por otros siete días", me informa Bryan Johnson, uno de los abogados de la chica, quien detalló que durante esos once días Ileana perdió ocho libras, unos tres kilos y medio de peso. "No comió casi nada durante este tiempo; la retuvieron con bajas temperaturas, con luces fluorescentes encendidas día y noche. Estamos pidiendo que el gobierno se haga responsable, porque no somos los únicos presentando este tipo de quejas. Casi cada chico que entró al país entre julio y agosto vivió estas condiciones."

La afirmación de Johnson es apoyada por testimonios publicados en medios y en denuncias de organizaciones activistas, recabados y contrastados por el equipo legal: H., un niño de siete años que padecía una discapacidad y desnutrición severa al momento de su detención, fue retenido en custodia por CBP durante cinco días sin acceso a tratamiento médico. Cuando por fin salió, lo tuvieron que operar de emergencia. D., una niña de dieciséis años, fue detenida en una celda con adultos. Cuando los agentes la revisaron, abrieron violentamente sus piernas y le tocaron sus genitales. A K., una niña de catorce años, le fue confiscada su medicina para el asma cuando fue detenida por agentes de CBP. Durante su estancia en la sobrepoblada celda donde la retuvieron, sufrió varios ataques de asma. Los oficiales la amenazaron con castigarla "si seguía fingiendo". C., una chica de diecisiete años, fue detenida en una "hielera", el nombre que dan los detenidos a las celdas mantenidas a bajas temperaturas, con la ropa mojada. El sitio estaba tan frío que su ropa tardó más de tres días en secarse. La única agua disponible para beber era la del tanque del escusado. El baño se encontraba a la vista de otros detenidos, con una cámara de video sobre él.

En junio de 2014, esos testimonios fueron incluidos en una queja legal presentada ante autoridades de DHS por una coalición de organizaciones activistas y de derechos humanos, entre las cuales están la poderosa American Civil Liberties Union (ACLU, Unión de Libertades Civiles de América) y el National Immigrant Justice Center (NIJC, Centro Nacional de Justicia para los Inmigrantes). En el documento constaban ciento dieciséis testimonios obtenidos en entrevistas con niños entre seis y diecisiete años, una vez que fueron transferidos a los albergues temporales de HHS. Ahí denunciaron los maltratos recibidos bajo la custodia de DHS.

Jonathan Ryan es director ejecutivo del Refugee and Immigrant Center for Education and Legal Services (RAICES, Centro para la Educación y Servicios Legales de Refugiados e Inmigrantes), una organización con sede en Texas. Durante esos meses, como nunca la organización recibió llamadas solicitando ayuda y denunciando también algunos de esos casos. "Lo que ocurrió en el verano para alojar a los niños migrantes que viajaban solos, el tener que improvisar albergues en sitios como la base militar de Oklahoma o la base aérea en Ventura, puso a prueba la capacidad de este gobierno mucho más de lo que cualquiera de ellos puede admitir", me dijo unos meses después Ryan, a quien conocí en un foro sobre migración en San Antonio, en una conversación telefónica. El abogado reconoció que, en efecto, algunas instalaciones podrían haber estado rebasadas en capacidad, pero asegura que algunas de las prácticas denunciadas suelen ser comunes en la detención temporal de inmigrantes. "Por lo que pudimos ver nosotros durante la 'crisis', esto no se debió a la falta de recursos. Un ejemplo: las celdas en donde alojaban a los niños estaban a un promedio de cincuenta y cinco grados Fahrenheit [doce grados centígrados]. Mantener esa temperatura en el sur de Texas, en pleno verano [cuando hace mucho calor], habla del uso de recursos en un esfuerzo adicional para hacerlos sentir incómodos, para desincentivarlos e impedir que continúen solicitando asilo."

Cuando los menores se encuentran en el centro de procesamiento, agentes de inmigración los entrevistan para determinar sus posibilidades de solicitar asilo político u otro tipo de ayuda humanitaria. Sin embargo, la mayoría de esos chicos fueron entrevistados en condiciones adversas, recibiendo trato de presos, lo cual suele desalentarlos en su intento de permanecer en Estados Unidos. En nuestra conversación, Ryan corroboró las condiciones denunciadas tanto por los defensores en el caso de Ileana, como por la coalición de organizaciones que presentó la queja en junio de 2014: existe un patrón de abuso de menores no acompañados en los centros de procesamiento de inmigrantes. "No son sólo las condiciones físicas, es también el maltrato psicológico. Los niños denuncian el uso de palabras duras, de faltas de respeto. Les dicen que no tienen derecho a estar ahí ni a solicitar asilo. Muchos de estos chicos han vivido abusos terribles, y llegan a un lugar en donde les hablan en un idioma que no entienden, los someten a condiciones de enorme estrés físico y psicológico, les hacen firmar documentos en otro idioma, y terminan firmando y aceptando declaraciones que violan sus derechos. Desafortunadamente los oficiales no tienen como prioridad su protección, sino obligarlos a que salgan del país lo antes posible."

El 11 de diciembre de 2014, cuando los abogados Amoachi & Johnson hicieron pública su denuncia elevaron el tono en dos sentidos. Por una parte, con el hecho de que la solicitud que presentaron para anular la deportación de Ileana no fuera enviada a DHS sino al Departamento de Justicia, solicitando que fuera esa instancia la que revisara el trato dado por CBP a los menores. Por otra parte, la descripción que hicieron del maltrato recibido por su cliente: los abogados la calificaron directamente como tortura.

En su exposición pública, la firma cita documentos publicados ese mismo año por la administración Obama en relación con las prácticas de tortura realizadas por la Central Intelligence Agency (CIA, Agencia Central de Inteligencia), y señala que "bajo la administración Obama, el DHS trató a los niños menores no acompañados, detenidos en celdas, en muchas ocasiones en condiciones iguales a las que la CIA utilizó para detener a sospechosos terroristas durante la administración Bush."

"El presidente Obama condenó las 'técnicas' que 'dañaron de manera significativa la imagen de Estados Unidos ante el mundo", reiteran los abogados, "pero algunas de las técnicas de la CIA incluían la privación del sueño de los detenidos por una semana [...] y el DHS ha tratado a los menores no acompañados exactamente de la misma manera en que la CIA trató a terroristas sospechosos".

El documento entregado al Departamento de Justicia incluye más de diez páginas con detalles del trato recibido por Ileana. "Fue detenida en una celda sobrepoblada, insalubre, por noventa y seis horas, sin comida, agua, vestido o abrigo suficiente. [...] No se le permitió bañarse, cepillar sus dientes o cambiar su ropa durante los cuatro días que estuvo en la prisión [...] La menor vio a otros niños pedir que se apagara el aire acondicionado; los agentes de CBP negaron la solicitud y dijeron que los niños no eran más que 'perros abandonados' [...] Como resultado de estas violaciones, la menor fue severamente afectada mental y físicamente. Su vida fue puesta en riesgo [...] sus intereses afectados, por lo que su proceso de deportación debe ser invalidado."

Una respuesta preliminar del inspector general del DHS ordenó una investigación en algunos centros de procesamiento para revisar las condiciones: temperatura, comida, agua. Para los abogados, el asunto va más allá: evidenciar el abuso verbal, el abuso psicológico y lograr que existan consideraciones para esos niños, incluida la pausa en sus procesos de deportación. Que quienes violaron la ley diciendo "We don't want you! Go home!" se vuelvan la causa de su permanencia en Estados Unidos.

EL 6 DE ABRIL DE 2017, a las 7:40 pm tiempo del Este, el presidente Donald Trump ordenó un ataque contra Siria: cincuenta y nueve misiles Tomahawk fueron lanzados sobre una base aérea, dejando más de ochenta civiles muertos. La acción se realizó sesenta y tres horas después de que el gobierno sirio lanzara armas químicas en una provincia de su territorio controlada por rebeldes, dejando a su vez a cientos de mujeres y niños asfixiados por los efectos del gas sarín, que provoca daños al sistema nervioso. Un par de horas antes del ataque, Trump lo justificó por adelantado. "Esto cruzó varias líneas para mí. Cuando matas a niños inocentes, bebés inocentes, pequeños bebés, con un gas químico que es tan letal [...] eso cruza muchas líneas, más que una línea roja, muchas muchas líneas."

La conmoción de Trump, sin embargo, no alcanzó para que cambiara su punto de vista respecto a las leyes de asilo, ni vino acompañada de una iniciativa para recibir como refugiados a quienes han sido víctimas del régimen del presidente sirio, Bashar al-Ássad. No sólo eso: los lineamientos establecidos por la administración Trump en sus primeros cien días resultaron en un incremento de los casos de asilo a cuyos solicitantes les fue negada la libertad bajo palabra o mediante una fianza, manteniéndolos encarcelados por tiempos prolongados. Una acción que los abogados de inmigración han interpretado como una respuesta al fracaso del presidente en su intento de poner en efecto la orden ejecutiva conocida como "Muslim ban".

Uno de esos casos llegó al despacho de Carlos Spector. El 5 de febrero de 2017, el periodista mexicano Martín Méndez Pineda se entregó en la frontera entre Ciudad Juárez y El Paso pidiendo asilo, tras haber recibido amenazas de muerte en el estado de Guerrero por haber publicado un artículo en el que describía prácticas de intimidación hacia los ciudadanos por agentes de la policía federal. Tras presentar la evidencia para establecer su argumento de miedo creíble, la respuesta de ICE fue negarle la libertad bajo palabra. Spector aseguró que, una vez más, la intención era mantener a las víctimas en detención el mayor tiempo posible hasta hacerlos desistir de su solicitud de asilo, lo cual representaba un peligro para otros periodistas amenazados en México. Tan sólo en los primeros cuatro meses de 2017, cuatro periodistas habían sido asesinados y dos más sobrevivieron atentados. Al final, la presión del encierro ganó: Méndez Pineda se dio por vencido y regresó a México tres meses después.

Los primeros dos años de la administración Trump han dado elementos suficientes para pensar que su política de asilo y detención de inmigrantes indocumentados no sólo dará continuidad a la establecida por la administración anterior, cuyos criterios de recepción y detención violan los criterios humanitarios internacionales, sino que también podría implicar periodos de detención más prolongados, lo cual beneficiará a las dos grandes empresas privadas que se hacen cargo de dichas detenciones.

En los primeros seis meses posteriores al 8 de noviembre de 2016, el día en que Donald Trump fue electo presidente, las acciones de CCA-CoreCivic y de GEO Group, las dos principales operadoras de centros de detención de inmigrantes, subieron más de 100%. Esto, desde luego, fue una grata noticia para las empresas, no sólo por la bonanza financiera de esas semanas, sino porque de no haber sido así su futuro pendía de un hilo.

El 18 de agosto de 2016, en el ocaso de la administración Obama, la entonces subprocuradora Sally Yates ordenó al Bureau of Prisons (Buró de Prisiones) la reducción de los contratos de gobierno a las prisiones privadas. Tras el anuncio, ambas corporaciones cayeron en la bolsa 40%. Dos meses después, en pleno cierre de la campaña por la presidencia, CoreCivic anunciaba que tendría que hacer recortes de personal para poder ajustar su presupuesto. Trump y su contrincante, Hillary Clinton, habían manifestado posturas encontradas: Clinton prometió dar continuidad a la decisión de cortar los contratos y Trump manifestó su convicción de que sistema privado de detención era favorable para el país.

La decisión de la fiscal Yates para recortar los contratos se basó en un reporte publicado por el Departamento de Justicia en el cual se hace un recuento sobre el crecimiento drástico del sistema de detención de inmigrantes en Estados Unidos (800% entre 1980 y 2013) y de cómo esa población declinó (de doscientos veinte mil detenidos en 2013 a ciento noventa y cinco mil en 2016). El pago de elevados costos por las concesiones dejó de ser una necesidad, según se explica en el documento.

El breve periodo negro de las dos empresas en Wall Street (tres meses, de agosto a noviembre), y su sobresaliente repunte desde el día de la elección (CoreCivic ha subido 140%; GEO Group, 98%) se enmarcaron en dos situaciones concurrentes: por una parte, el énfasis en el discurso de campaña de Trump sobre la necesidad de detener inmigrantes —y por tanto de conservar en la nómina del gobierno a quienes prestan ese servicio—; y por otra parte, las donaciones que tanto GEO Group como CoreCivic hicieron de manera combinada al Partido Republicano y a la campaña electoral de Trump: seiscientos setenta y tres mil dólares la primera, y al menos ciento treinta mil dólares la segunda.

El 23 de febrero de 2017, el procurador de Estados Unidos, Jeff Sessions, revirtió la orden dada por Yates, inyectando nueva vida a CoreCivic y a GEO Group. El funcionario explicó que el objetivo de mantener los contratos con los centros de detención privados obedece a las "futuras necesidades" del sistema correccional federal. Aunque durante el anuncio Sessions no aludió directamente a la detención de inmigrantes indocumentados, ésta ocurrió tres días después de que el secretario de seguridad interior, John Kelly, enviara un memorándum dirigido a todas las agencias vinculadas con servicios de inmigración y seguridad fronteriza en el que amplía el rango de faltas consideradas como crímenes, lo que aumenta también el número de población indocumentada susceptible de ser arrestada, detenida y puesta en proceso de deportación.

Según los memorándums firmados por Kelly, para realizar arrestos de indocumentados el nuevo gobierno contrataría quince mil nuevos agentes de inmigración. Sin embargo, únicamente se autorizaron cincuenta nuevas contrataciones de jueces de inmigración. Actualmente hay cerca de trescientos cincuenta jueces de inmigración para desahogar los más de setecientos mil casos pendientes hasta finales de 2018. Más detenidos, mayor necesidad de centros de detención privada, mayores tiempos de espera para quienes piden una oportunidad para permanecer en el país o para salvar su vida... y más ganancias que nunca para quienes hacen de la detención un negocio.

——

Una nueva oleada o crisis, otra vez en la frontera entre Texas y México, se registró en abril de 2018. Con la decisión de Jeff Sessions, la migración se criminalizó. El procurador anunció ese mes un cambio en las políticas de detención de inmigrantes: al arrestar a uno de ellos, o cuando uno se presente ante las autoridades para solicitar asilo, en lugar de llevarlo a un centro de detención de inmigrantes bajo la jurisdicción del DHS sería llevado al sistema de prisiones destinado a quienes han sido acusados de un cargo criminal, sistema administrado por el Departamento de Justicia. Los hijos menores de edad de los detenidos serían llevados, como siempre, a un albergue para menores bajo jurisdicción del DHS.

La decisión, interpretada por los analistas más como un *statement* político rumbo a las elecciones congresionales de noviembre de ese año —en las que el Partido Demócrata obtuvo el control de la Cámara Baja— que como una medida de seguridad, no sólo viola los protocolos internacionales de migración, sino que dio por resultado que el procesamiento de los padres y el de los hijos fuera manejado por dos agencias de gobierno diferentes que no establecieron previamente un protocolo de comunicación. Así, algunos padres fueron deportados sin siquiera saber en qué lugar del país se encontraban sus hijos.

Lo que se dio a conocer como "la separación de familias en la frontera", con enorme impacto mediático, es la consecuencia de un problema de fondo en la plataforma política del presidente Donald Trump: bajo su gobierno, se trata a los inmigrantes como amenaza y a quienes solicitan asilo político como criminales, no como víctimas que huyen de sus países de origen para salvar su vida. En ese sentido, la exigencia de mantener a las familias unidas y no separar a los menores tendría que haber sido asociada con mayor énfasis a una exigencia previa y aún más importante: la eliminación de la política del actual gobierno estadounidense de criminalización de los inmigrantes que ingresan por la frontera sur.

Nuevamente, tal como ocurrió con el anuncio del Muslim ban, la separación de las familias reportada durante esas semanas, acompañada de las imágenes de niños llorando reproducidas en medios de comunicación, devolvió un poco de humanidad a esas personas e hizo evidente la forma en que Estados Unidos aplica los protocolos de refugio y asilo, desde hace décadas, con base en criterios políticos y económicos. Algunos estadounidenses empiezan a darse cuenta de que su país suele abrir los brazos a quienes le representan un beneficio económico —es el caso de las visas para trabajadores "calificados"— y da asilo o refugio a quienes pueden demostrar que son perseguidos o que temen por su integridad o su vida siempre y cuando vengan de un país cuyo régimen sea cuestionado por el gobierno en turno.

Durante las administraciones anteriores, e incluso durante los primeros meses del gobierno de Trump, las autoridades seguían el protocolo de rigor: los solicitantes eran retenidos en centros de detención de inmigrantes, algunos de los cuales cuentan con espacios familiares, o en caso de separación procuran el contacto entre los padres y los hijos. Si se encontraba un motivo para iniciar el proceso de asilo, la familia completa salía y esperaba el fallo de su caso en libertad bajo algún tipo de monitoreo por la autoridad —tal como ocurrió con las niñas Alvarado y su familia—. Si no existía un argumento válido, era iniciado un proceso de deportación.

El cambio en la política de recepción de inmigrantes instaurado en abril de 2018, al que la administración Trump llamó *Zero Tolerance* (Tolerancia Cero), trasladó la función de las agencias de inmigración al sistema criminal federal, pero, como ocurriera al inicio de su gobierno, unas semanas después el gobierno tuvo que dar marcha atrás debido a la presión pública y mediática. El episodio dejó ver claramente que la política que deshumaniza a los inmigrantes y las circunstancias que los obligan a salir de sus países, asumiendo que quienes llegan por la frontera sur sin documentos son criminales y no personas que vienen a Estados Unidos para salvar su vida, seguirá siendo un signo del actual gobierno. Desde el discurso presidencial se sigue vinculando a los migrantes que provienen de El Salvador u Honduras con actividades delictivas o con pandillas, cerrando así la puerta a la posibilidad de asilo para quienes huyen precisamente de la violencia e impunidad que impera en sus países.

El país democrático que se ha jactado de abrir sus puertas a "las masas apiñadas que buscan respirar libremente... los indigentes, los maltratados por la tempestad", se ha convertido en un país que maltrata y coarta la libertad. Sin poner un solo ladrillo, Estados Unidos ha construido un muro infranqueable para quienes más necesitan de su libertad.

Cuando empecé a hacer la investigación para escribir este libro, en el año 2013, Enrique Peña Nieto acababa de tomar posesión como presidente de México. La esperanza de muchas de las víctimas de violencia que tuvieron que abandonar el país durante el sexenio de Felipe Calderón a consecuencia de la llamada "guerra contra el narcotráfico" —más de cien mil homicidios dolosos, entre los cuales cuarenta y ocho fueron contra periodistas y treinta y ocho contra alcaldes— era que con el relevo en la presidencia las aguas volvieran a su cauce y ellos tal vez a su hogar. Eso no ocurrió. Por el contrario, durante el gobierno de Peña Nieto se rompió el récord de homicidios dolosos a la fecha, que llegó a los ciento treinta mil, 20% más que la administración anterior, entre éstos, cuarenta y siete contra periodistas y sesenta contra alcaldes. Las agresiones en México no paran. Los casos de corrupción, las masacres contra civiles y las violaciones a derechos humanos se cuentan por decenas mientras organizaciones internacionales, como Amnistía Internacional, Human Rights Watch y Reporteros sin Fronteras, se cansan de emitir recomendaciones que nadie atiende.

En países como México lo que mata a la gente es la impunidad, la falta de sanción provocada por la complicidad del Estado, que incumple su obligación de velar por los ciudadanos. Pero existe otra complicidad a nivel internacional: cuando los países que se jactan de tener políticas de brazos abiertos hacen uso político de los criterios humanitarios y responden con un pragmatismo que se convierte en indiferencia y falta de solidaridad. Mientras escribo estas líneas, miles de exiliados centroamericanos que viajaron en una caravana a través de México esperan en la frontera entre Tijuana y California una oportunidad para presentar su solicitud de asilo. En uno y otro lado de esa línea, el deseo es que sea el vecino el que se haga cargo de ellos.

Hoy las sociedades que viven en los países receptores pueden elegir dejar de cerrar los ojos e iniciar un proceso de revisión de las leyes y las políticas que tienen que ver con la movilidad de las personas —por razones económicas o religiosas, por salvarse de la violencia, por el legítimo derecho a buscar una vida mejor—, con una mirada global. Lo que ha ocurrido en los últimos meses en Estados Unidos debe ser una llamada de alerta para quienes desde este país aún creen que la dignidad y la fortaleza del espíritu humano; debe obligar a la revisión no solamente del proceso de llegada y acogida o rechazo de quienes vienen, sino también a seguir de cerca el proceso de integración de quienes han sido víctimas, reconocer lo que tienen para aportar a su nueva sociedad y valorar su esfuerzo de volver a vivir.

La coyuntura política estadounidense y la visibilidad de la migración a nivel global —desde África hacia España, desde Medio Oriente hacia Alemania, desde Centroamérica hacia Estados Unidos, desde Haití hacia Sudamérica, desde Venezuela hacia donde sea— es la oportunidad ideal para replantearnos los conceptos de ciudadanía y de frontera, los criterios de determinación de quienes gobiernan ignorando los intereses y la voluntad de los pueblos. Es tiempo de construir una nueva ciudadanía, de sentar las bases para que los ciudadanos por venir sean quienes derriben todos los muros.